Erich Budde

Die Bedeutung der Trinksitten in der Kultur der Angelsachsen

Erich Budde

Die Bedeutung der Trinksitten in der Kultur der Angelsachsen

ISBN/EAN: 9783955641542

Auflage: 1

Erscheinungsjahr: 2013

Erscheinungsort: Bremen, Deutschland

@ EHV-History in Access Verlag GmbH, Fahrenheitstr. 1, 28359 Bremen. Alle Rechte beim Verlag und bei den jeweiligen Lizenzgebern.

Die Bedeutung der Trinksitten in der Kultur der Angelsachsen

ERICH BUDDE

Druck von M. Mendelssohn, Duisburg.

Inhaltsübersicht.

EINLEITUNG: Seite
Die Arbeiten von Fuhse und Roeder und die englischen Darstellungen angelsächsischer Kultur   5—8

ERSTES KAPITEL:
Die Trinksitten im Leben des Volkes
- Familienereignisse und -feste . . . . . 8—11
- Häusliches Leben . . . . 11—14
- Gastfreundschaft . . . . 14—15
- Dienerschaft . . . . 15—17
- Ländliches Leben . . . . . . 17—20
- Nordische Einflüsse . . . . . . 20—22
- Anschauungen . . . . 22—26

ZWEITES KAPITEL:
Die Trinksitten im Leben des Hofes und der Aristokratie
- Entsprechungen zum Leben des Volkes . . 26—28
- Die äussere Form der höfischen Gelage . . 28—31
- Die Entwicklung der Mundschenkenstellung . 31—33
- Die Unterhaltung beim Gelage . . . 33—38
- Teilnahme der Frauen . . . . . 39—43
- Entwicklung der Etikette . . . . . 43—46
- Geschenke, Gefolgschaft und Hofhaltung . . 46—49
- Anschauungen . . . . 49—50

DRITTES KAPITEL:
Der Einfluss der Trinksitten auf das kirchliche Leben und die christlichen Anschauungen der Angelsachsen
- Laientum und äussere Formen . . . . 51—55
- Stellungnahme der Kirche . . . . 55—59
- Die christlichen Anschauungen . . . . 59—71
- Der Weltklerus . . . . 71—76
- Klosterleben . . . . 77—85

VIERTES KAPITEL:
Die Bedeutung der Trinksitten für die Stilistik
- in der weltlichen . . . . . . 85—96
- und geistlichen Darstellung . . . . 96—98

BELEGE. LITERATUR.

Es ist ein glänzendes Zeugnis, das die Germania des Tacitus der Sittsamkeit der Germanen, ihrer Heilighaltung der Ehe ausstellt — den eigenen Landsleuten einen Spiegel vorhaltend, der sich hier vielleicht klarer ausnimmt als er in Wirklichkeit war. Dann aber ändert sich das Bild: Convictibus et hospitiis non alia gens effusius indulget. Und es folgen die bekannten Ausführungen zum Nationallaster der Trunksucht.

Die Arbeit von Fuhse, eine Göttinger Doktorschrift aus dem Jahre 1891, nimmt zu dieser Frage eingehender Stellung. Nach des Verfassers Ansicht ist dieser Taciteische Bericht für übertrieben anzusehen und „mit einigem Misstrauen zu behandeln", wobei das Hauptargument sich auf den Satz stützt: „dass ein Volk, welches derart, wie Tacitus uns berichtet, der Trunksucht sich ergiebt, sich auf die Dauer Kraft und Mark nicht erhalten kann, um Söhne zu zeugen, vor denen die Römer zitterten, die das stolze Weltreich zertrümmerten". Auch die weiterhin angeführten Beweisgründe tragen etwas hypothetischen Charakter: „.... aus solchen Riesengefässen, wie die Trinkhörner waren, pflegte man in Rom nicht zu trinken, und solche Quantitäten, wie sie der Deutsche vertragen konnte, mochten dem Römer wohl ungeheuerlich erscheinen. Aber diese Quantitäten waren in ihrer Qualität eben viel geringer, als die südlichen Getränke. Zweitens lag für den Germanen, wenn er zum ersten Male Wein zu trinken bekam, die Gefahr sehr nahe, diesen ebenso wie sein gewohntes Bier zu behandeln, d. h. gleiche Quantitäten davon zu trinken. Und dass ihm dies nicht gerade gut bekommen sein wird, wollen wir gerne glauben."

Die von Tacitus ferner berichteten Streitigkeiten beim Gelage giebt Fuhse zu, unter Citierung einer Beowulfstelle als Beweis dafür. Doch sind derartige Vorkommnisse seiner Ansicht nach selten gewesen, was durch ebendieselben Verse dargetan wird:
Beow. v. 2179 f. (Grein-Wülcker, Bd. I, S. 232):
    dreah æfter dome, nealles druncne slog
    heorŏgeneatas — — —

„Aber schon diese Stelle zeigt uns, dass derartige Ausschreitungen nicht æfter dome, nicht der Ehre, der Sitte gemäss, also jedenfalls selten waren." Dem ist zu erwidern, dass der Beowulf ein durchaus höfisches Epos ist, also nur die Sitten und Anschauungen einer bestimmten Klasse behandelt und sich demnach nicht gerade zur Verallgemeinerung eignet, dass ferner aus der Etikettewidrigkeit einer Handlung noch nicht ihre Seltenheit folgt, vielmehr aus vielen anderen Stellen der angelsächsischen Epik das gerade Gegenteil hervorgeht, und dass schliesslich die Zusammenstellung von Kulturperioden, die an vierhundert Jahre auseinanderliegen, auch wohl einigermassen unberechtigt erscheint. Einstweilen liegt noch kein Grund zu der Annahme vor, dass die Germanen des Taciteischen Zeitalters nicht wirklich so viel getrunken haben sollten wie ihnen ihr Biograph zuweist, eher lässt sich die Frage mit einem Ignoramus abtun.

Der nachfolgende Versuch ist nun weniger aus dem Bestreben, ein Gegenstück zu der genannten Schrift auch für das Angelsächsische zu liefern als aus anderen Gründen hervorgegangen. Im Vergleich zu dem, was auf dem Gebiete der englischen Philologie und Literaturgeschichte in den letzten Jahrzehnten, zumal in Deutschland, geleistet worden ist, lagen entsprechende Produktionen auf dem Gebiete angelsächsischer Kulturgeschichte mit Ausnahme von Kembles „Saxons in England" nicht vor, während sie doch dringend benötigt würden. Um so freudiger ist daher eine andere Arbeit zu begrüssen, die gleichfalls auf Göttingen als ihren Ursprungsort zurückblickt: Dr. Fritz Roeders „Familie bei den Angelsachsen", eine wirklich ausgezeichnete monographische Behandlung des Gegenstandes, von der nur zu bedauern ist, dass sie erst zur Hälfte im Druck vorliegt. In seiner Einleitung setzt sich der Verfasser zunächst mit den älteren englischen Darstellungen der angelsächsischen Kultur auseinander — mit Strutt (1775), Turner (1852), Thrupp (1862) und Wright (1862, 1871), „denen man den Vorwurf nicht ersparen könne, dass ihre Darstellung kritiklos entweder auf sehr dürftigem, oder einseitig gesammeltem Material beruht. — — — — — Der üble Eindruck dieser Kritiklosigkeit wird keineswegs gehoben durch die Prüderie,

mit der Thrupp nach Art vieler englischer Gelehrter, die sich nicht entblöden, „der Wissenschaft den Mühlstein tendenziöser Moral um den Hals zu hängen," Fragen etwas heikler Natur aus dem Wege geht. — — — Um historische Treue zu erreichen, erweist es sich als nötig, die gesamte Untersuchung auf einer breiteren Basis, als man bisher getan, aufzubauen".[1)]
Der schwerste Vorwurf aber, der diese englischen Darstellungen treffen muss, ist das absolute Fehlen jeglichen psychologischen Materials, des „Lebens und der geistigen Strömungen, denen der äussere Apparat nur Rahmen ist, innerhalb dessen sich dieses Leben abspielt". Nicht einmal der Versuch ist gemacht worden, in den inneren Zusammenhang der Kulturfakta mit dem geistigen Menschen der Periode auch nur etwas hineinzublicken. Was nutzt die Anhäufung von Antiquitätenmaterial, wenn der verbindende Geist fehlt? Roeders Arbeit zeigt auch hierin den Weg zum Besseren, der psychologischen Seite ist seine Darstellung vollauf gerecht geworden. Für Abbildungen von Trinkgefässen und Wohnungseinrichtungen genügen Strutt und Wright immer noch, das aber, was kulturhistorischen Forschungen ihren Wert verleiht, das Warum und Woher harrt der Neubearbeitung, Kembles Werk allein ausgenommen. So dürfte sich ein Fortschreiten auf dem von Roeder angegebenen Wege wohl lohnen, noch mancherlei harrt systematischer Durcharbeitung, um ein besseres Bild von der Frühkultur des Inselvolkes, als es bisher zu erhalten möglich war, entstehen zu lassen. Von dieser Auffassung geleitet, will sich die vorliegende Arbeit der Trinksitten als eines Werkzeuges zur weiteren Aufhellung kultureller Verhältnisse bedienen, ihren Einfluss auf die verschiedenen Gebiete der Lebensbetätigung verfolgen und die Anschauungen des Volkes über diesen Punkt behandeln, um neue Aufschlüsse über sein inneres Leben zu erhalten. Die Einteilung des Ganzen ergiebt sich ohne Schwierigkeit — in den Rahmen der Beziehungen zwischen Trinksitte und

---

[1)] Vgl. dazu Roeders Abhandlung über die Quellen, a. a. O. S. 3. Im Nachfolgenden sind auch die Geschichtsschreiber des 12. Jahrhunderts herangezogen worden, deren gänzliches Ausserachtlassen bei Roeder vielleicht nicht jedermanns Zustimmung finden dürfte.

I. Leben des Volkes,
II. des Hofes und der Aristokratie,
III. kirchlichem Leben und christlichen Anschauungen,
IV. Stilistik,

dürfte sich der einigermassen umfangreiche Stoff leicht und zwanglos fügen.

Erstes Kapitel:
Die Trinksitten im Leben des Volkes.

Es ist sehr wahrscheinlich, dass die Geburt eines Kindes, zumal eines Erben und Stammhalters, den Verhältnissen des Einzelnen entsprechend mit grösserer oder geringerer Feierlichkeit begangen wurde, wennschon sich irgend ein Beleg dafür einstweilen noch nicht erbringen lässt. Dagegen war eine regelmässige, alljährliche festliche Begehung des Tages der Geburt, eine Geburtstagsfeier, den Angelsachsen unbekannt. Es lässt sich dies allerdings nur auf eine, aber dafür sehr entschieden ausgesprochene Stelle stützen, einen Passus aus Aelfrics Schriften, in dem er auf die Sündhaftigkeit weltlicher Geburtstagsfeiern unter Anknüpfung an das Gastmahl des Herodes hinweist. (Homiliae Catholicae, Bd. I, S. 480.)

> þa betwux ðisum gelamp þæt Herodes, swa we ær cwædon, his witan gefeormode on ðam dæge þe he geboren wæs; forðan ðe hi hæfdon on ðam timan micele blisse on heora gebyrdtidum. þreo arleasa scylda we gehyrdon, — — — — — ungesælige mærsunge his gebyrdtyde — — — etc.

Bei der Erziehung wird das Abraten vom Trunke auch eine gewisse Rolle gespielt haben, eine Stelle des gewöhnlich „Des Vaters Lehren" genannten Gedichtes spricht dafür. (Grein-Wülcker, Bd. I, S. 354) v. 34 ff.

> Druncen beorg þe and dollic word,
> man on mode and in muþe lyge,
> yrre and æfeste and idese lufan.

Dass diese Zeilen als an einen Jugendlichen gerichtet gedacht sind, geht wohl aus der Zusammenstellung von lyge, yrre und æfeste mit idese lufan hervor.

Mit dem Heranwachsen tritt der junge Angelsachse mehr und mehr in Berührung mit der nationalen Sitte. Eine wie wichtige Stellung diese bei einem bedeutungsvollen Ereignis im Leben des Individuums, der Verlobung, einnimmt, haben Roeders Forschungen in gründlicher und dankenswerter Arbeit aufgehellt. Seine wesentlichsten Resultate mögen hier folgen, während für die nähere Begründung und Beweisführung auf die Schrift selbst (S. 33 ff.) verwiesen werden muss.

Die Verlobung wird durch den symbolischen Verlobungstrunk perfekt gemacht, wie ja die meisten Geschäfte — und die Verlobung wird bei den Angelsachsen oft mit sehr geschäftsmässigen Augen angesehen — durch einen Trunk besiegelt worden sind, wovon weiter unten noch die Rede sein soll. „Die Verlobung ist ja ein Kaufvertrag, dessen Bedingungen nicht sofort erfüllt werden; um ihn nun für die Zukunft bindend zu machen, wird beim Kauf der Braut ein Handgeld gezahlt, das, um die blosse Scheinleistung anzudeuten, sofort in Wein oder Bier umgesetzt und vertrunken wird." Dass man sich in den allermeisten Fällen beim endgültigen Abschluss des Vertrages nicht mit dem einen symbolischen Becher voll begnügt haben wird, ist ohne weiteres klar.

Welches Element bei der feierlichen Begehung einer angelsächsischen Hochzeit eine Hauptrolle gespielt hat, geht schon aus einem der dafür üblichsten Worte hervor, bryd-ealu nämlich, das in späteren Denkmälern durchaus das gebräuchliche Wort für Hochzeit ist. So in der Sachsenchronik (a. a. O. S. 349):

. . . ealle þa Bryttas þe wæron æt þam brydeealoþ æt Norðwic . . .

oder in poetischer Form (a. a. O S. 348—49):

(MS. E.) þær wæs þæt bryd eala
mannum to beala
(MS. D.) þær wæs þæt bryd ealo
þæt wæs manegra manna bealo

So kurz die Feier beim gewöhnlichen Volke auch war, so musste man doch in passender Kleidung erscheinen. (Hom. Cath. I, S. 528, 21—23).

Witodlice ge geseoð þæt gehwam sceamað, gif he gelaðod bið to woroldlicum gyftum, þæt he waclice gescryd cume to þære scortan blisse.

Ueber die Beziehungen zwischen Trinksitte und dem intimeren Leben der nun glücklich vereinigten Gatten liegen verschiedene, zum Teil sehr bezeichnende Nachrichten vor. Während der vierzigtägigen Fasten ist die eheliche Beiwohnung untersagt. Der Uebertretungsfall wird streng bestraft: ein Jahr Kirchenbusse oder entsprechende Geldentschädigung an die Kirche oder die Armen. Dagegen bedingt Trunkenheit hier eine Herabsetzung der Strafe, eine überraschend frühe Rücksichtnahme auf physiologische Zusammenhänge. (Poenitentiale Egberti, Wasserschleben S. 239)[1]

Si per ebrietatem vel aliqua causa accederit sine consuetudine, XL diebus peniteat.

Im Zustande der Schwangerschaft soll die Frau kein Bier trinken und von anderen Getränken nicht bis zur Trunkenheit. (Cockayne, Leechdoms, Bd. II, S. 330.)

Georne is to wyrnanne bearneacnum wife þæt hio — —. — — oþþe beor drince — — — ne druncen gedrince — — — etc.

Welch üble Folgen das Trinken der Frauen bisweilen haben konnte, ersehen wir, wenn gegen das Erdrücken der Kinder im Bett verordnet wird: Gif hwa on slæpe his bearn oflicge, þæt hit dead wurðe, fæste III gear, an on hlafe and on wætere, and þa twa gear III dagas on wucan, and gif hit þurh druncen gewurðe, bete þe deoppor, swa his scrift tæce, and behreowsige hit æfre. (Poenitentiale Edgari, Thorpe, Anc. L. II, S. 276, 41.)

Die erhaltenen Nachrichten über Leichenfeiern lassen sehr deutlich erkennen, einen wie wesentlichen Bestandteil das Trinken hier ausmachte.

Ge ne scylan fægnigan forðfarenra manna, ne þæt lic gesecan, buton eow mann laðige þær-to, þænne ge þærto gelaðode syn,

---

[1] Die lateinisch abgefassten Bussbestimmungen sind dem Vorgange Roeders folgend — vgl. dazu a. a. O. S. 3 — nach Wasserschleben, die angelsächsischen und einige dort nicht enthaltene lateinische nach Thorpe, Ancient Laws etc. citiert.

þonne forbeode ge þa hæðenan sangas þæra læwedra manna, and heora hludan cheahchetunga, ne ge sylfe ne eton, ne ne drincon, þær þæt lic inne lið, þe læs þe ge syndon efen-læce þæs hæðenscypes, þe hy þær begað. (Canones Aelfrici, Thorpe Anc. L. II, S. 356 f.) Oder in poetischer Form (Lives of Saints, S. 460):

> Sume menn eac drincað æt deadra manna lice
> ofer ealle þa niht swiðe unrihtlice.
> and gremiað god mid heora gegaf-spræce
> þonne nan gebeorscipe ne gebyrað æt lice.

Ein beträchtliches Stück Heidentum hat sich demnach, wenn zum Teil auch unbewusst, bis in verhältnismässig späte Zeit erhalten, der Allgewalt der Kirche zum Trotz. Denn was ist das Zechen hier anders als die zum Leichenmahl entwickelten alten Totenopfer, das Singen dabei die alten Gesänge zur Ehre des Verstorbenen und die untrauermässige Heiterkeit der Ausdruck des Glaubens, „dass Trauern den Toten schädlich und peinlich sei?"[1]) Wie ein scharfer Negativabdruck liegt das bischöfliche Verbot an die Untergebenen vor uns, aus dem sich das positive Bild jederzeit herstellen lässt.

Aus das häusliche Leben der Angelsachsen ist stark durch ihr Trinken beeinflusst worden. Im Allgemeinen wurde nach dem Abendessen dem Becher fleissig zugesprochen: post prandium ad pocula, quibus Angli nimis sunt assueti. (Chron. J. Wallingford, bei Gale, S. 542.) Ausnahmen scheinen häufig genug vorgekommen zu sein: — — — wa eow, he cwæð, þe lufjað untidfylla and ær on morgen oferdrenc dreogað and beotlice lætað, þæt ge mare magan, þonne hit gemet sy. hearpe and pipe and mistlic gliggamen dremað eow on beorsæle. (Wulfstan, Be oferfylle, a. a. O. S. 46.) Und in der Predigt über der Seele Notdurft (Blickl. Hom. S. 97 f.) werden die reichen Männer mit sehr deutlicher Anspielung auf wohlbekannte Verhältnisse geschildert: Eac swylce hie hæfdon wif and cyfesa, and heora fyrenlustas, and wiste, and plegan,

---

[1]) Friedberg, a. a. O. S. 75.

and ofergedrinc, and dyslice and unrædlice halsunga; and mislice blissa hie hæfdon on hiora gedrynce; and heora underngereordu and æfengereordu hie mengdon togædere.

Wetttrinken scheint bei solchen Gelegenheiten ebenfalls ein beliebter Sport gewesen zu sein (Pseudo-Beda, Wasserschleben, S. 254, 24):

Fecisti vomitum per ebrietatem? XV dies poeniteas, si per contentionem, XL dies — — — —

Und auch daran, sich gegenseitig betrunken zu machen, fand man Vergnügen: (a. a. O. S. 254, 25): Cogisti ullum hominem bibere, ut inebriaretur, aut per odium hoc fecisti? C dies poeniteas.

So waren häufige Streitigkeiten natürlich unvermeidlich. Unter Ine von Westsachsen (688—695) wird es als strafmildernd angesehen, wenn ein Zank beim Biergelage vor sich geht (Liebermann, S. 93, 6, 5):

Gyf ðonne on gebeorscipe hi geciden, and oðer heora mid geþylde hit forbere, gesylle ðe oðer XXX scill' to wite. Und oft genug wurde auch zur Waffe gegriffen, denn unter Hlothære und Eadric (685—686) heisst es (a. a. O. S. 11, 13—14):

Gif man wæpn abregde þær mæn drincen and ðær nan yfel ne deþ, scilling þam þe þæt flet age, and cyninge XII scll'.

Gif þæt flet geblodgad wyrþe, forgylde þem mæn his mundbyrd and cyninge L scll'.

Vielfach wirkt die durch übermässiges Trinken getriebene Verschwendung äusserst nachteilig auf den Haushalt ein. Dass der Nationalwohlstand ohne den starken Verbrauch an geistigen Getränken ein grösserer hätte sein können, ist ganz klar.

Potabatur in commune ab omnibus, in hoc studio noctes perinde ut dies perpetuantibus. Parvis et abiectis domibus totos absumebant sumptus, Francis et Normannis absimiles, qui amplis et superbis aedificiis modices expensas agunt. Sequebantur vitia ebrietatis socia, quae virorum animos effaeminant. — — — — in cibis urgentes crapulam, in potibus irritantes vomicum. (Will. Malm. Gesta Reg., S. 417 f.)

Sehr anschauliche Einblicke in das Leben der damaligen Wirklichkeit gestattet eine Stelle aus der „Ermahnung gegen einige Laster". (Bibl. der angelsächs. Prosa, Bd. III, S. 145, 26—31.)

Besceawigen nu ða druncengeornan, þæt hi synt micele mættran, ðone nytenu, ðonne ðe nytenu nellað nan ðing mare drincan, ðonne him ðearf bið, and se earma man wile drincan ðreo swa feala, ge feower swa feala, swa his nead wære. And he eac on anum dæge mid ungesceade and mid micelre synne forspilð þreora daga oððe feowera andlifen — — — etc. Eines solchen Trinkers Ende durch Selbstmord entwerfen die „Schicksale der Menschen" (Grein-Wülcker, Bd. III 1, S. 150, v. 51 ff.):

> Sum sceal on beore þurh byreles hond
> meodugal mæcga: þonne he gemet ne con
> gemearcian his muþe mode sine,
> ac sceal ful earmlice ealdre linnan,
> dreogan dryhtenbealo dreamum biscyred
> and hine to sylfcwale secgas nemnað,
> mænað mid muþe meodugales gedrinc.

Mögen solche Fälle auch immerhin etwas Seltenes gewesen sein, so werden doch sehr viele der Männer an allerlei durch ihre Lieblingsgewohnheiten entstehenden **Unbequemlichkeiten** gelitten haben.

Gif þon þe mon hine fordrince. Drince betonican on wætre ær oþerne drincan. Eft wyl betonican and eorð geallan on hluttrum ealað oþþe on swylcre wætan swa he drincan scyle, drince simle ær mete. (Cockayne, a. a. O. II, S. 153.)

Oft genug auch mögen die Mittel verordnet worden sein, die — — — „wið plættan þam men þe hine ne lyst his metes liþes" vorgesehen waren" (a. a. O. II, S. 63). Die beste Zeit zum Aderlassen ist der Frühling: þonne þa yfelan wætan beoþ gegaderode þe on wintra gedrunoene beoð (a. a. O. II, S. 149.) Bei Gürtelausschlag lautet die Therapie, dass der Patient Bier ganz vermeiden und Wein und Ale nur in mässigen Mengen zu sich nehmen soll (a. a. O. II, S. 89). — —

Aber auch in anderer Beziehung spielen die landesüblichen Getränke eine nicht unwichtige Rolle in der **Heilkunde** — bei der **Rezeptbereitung** nämlich. Schon die mehrfachen Citierungen einheimischer Autoritäten zeigen ja, dass die angelsächsischen Aerzte ihre Rezepte nicht einfach von Griechenland und Italien übernahmen, sondern sich einen gewissen Grad von Selbständigkeit wahrten. Bestätigt wird das, wenn man sich einzelne Vorschriften näher ansieht, beispielsweise die gegen Erkrankung der Lunge (Cock. Leechd. I, S. 374):

Wið lungen adle.

Genim hwite hare hunan, and ysopo, and rudan, and galluc, and bryse. wyrt, and brun wyrt, and wude merce, and grunde swylian, of ælcere þisre wyrte XX penega wiht and genim ænne sester fulne ealdas ealað and seoð þa wyrtan oð ðet se sester ealoð sy healf gesoden and drinc ælce dæg fæstende neap fulne cealdes and on æfen wearmes lætst. Hit is haluwende bote.

Aehnliche Vorschriften finden sich in Menge. So ist Zehrkraut (betonica officinalis) in heissem Bier bei Schädelbrüchen (!) zu verabreichen (a. a. O. I, S. 71), gegen Fieber am zweiten Tage hilft Wegerich (Plantago major) in Ale (a. a. O. I, S. 85), gegen Leberkrankheit, Druck auf der Brust oder heftiges Erbrechen Seifenwurz (Saponaria officinalis) in lið beor. Gegen Augenschmerzen wird Glechoma hederacea in saurem Bier oder Ale, die Augen damit zu baden, empfohlen (a. a O. II, S. 35), gegen akute Brustschmerzen: Flockenblume und Kümmel in „hluttrum ealaþ" (a. a. O. II, S. 59), gegen Elephantiasis: verschiedene Kräuter in wälschem Ale (a. a. O. II, S. 79). Gürtelausschlag heilen verschiedene Pflanzen in maxwyrte, Biermaische gekocht (a. a. O. II, S. 87), rotlaufartige Entzündungen beordræsta, Bierhefe, mit Seife, Eiweiss und alter Grütze (a. a. O. II, S. 101) gemischt, gegen Würmer, „die des Menschen Fleisch essen," ist Menyanthes trifoliata in neuem, undurchgeseihtem Ale gut (a. a. O. II, S. 125). Die Nachgeburt zu beschleunigen, koche man Krauseminze oder Stockrose in Ale und gebe es der Gebärenden heiss zu trinken (a. a. O. II, S. 330).

Wie bei allen germanischen Stämmen war auch bei den Angelsachsen die Gastfreundschaft einer ihrer bezeichnendsten Züge. Selbst Aelfric sagt einmal: „Witodlice cumliðnys is swiðe blisful ðing, and asteald ðurh halgum heahfæderum".

(Hom. Cath. II, S. 287). Von der Aufnahme eines Gastes berichtet Beda wie folgt (Hist. Eccles. S. 159): „— — — et pergens itinere suo pervenit ad vicum quendam vespere, intravitque in domum in qua vicani coenantes epulabantur: et susceptus a dominis domus, resedit et ipse cum eis ad convivium, — — — Cumque diutius epulis atque ebrietati vacarent, accenso grandi igne in medio, contigit in altum scintillis, culmen domus, quod erat virgis contextum ac foeno tectum, subitaneis flammis impleri. Quod cum repente conviviae terrore confusi — — — etc. — ein trotz des Caesarstils einigermassen anschauliches Bild. Sehr häufig wurde auch der Gast wider seinen Willen zum Trinken genötigt. So schreibt Aelfric in der Vorrede zum neuen Testamente (Bibl. der agls. Prosa, I, S. 21) an Sigeferð, „der ihm bei einem Besuche stark durch Trinken zusetzte": þu woldest me laðian, þa þa ic wæs mid þe, þæt ic swiðor drunce swilce for blisse ofer minum gewunan — — —.

Und damit die Gastfreundschaft nicht zu sehr ausgenutzt wurde, gab es eine gesetzliche Regelung dafür: in den Leis Willelmi findet sich eine Bestätigung von bereits unter Eduard dem Bekenner erlassenen diesbezüglichen Vorschriften (Liebermann, a. a. O. S. 519).

Ne quis hospitem ultra tres noctes non retineat. Nullus hospitem ultra terciam noctem recipiat, nisi ille cum quo prius fuit, hoc ei mandauerit.

Wird der Gast aber unter Anklage gestellt, so darf man ihn nicht ziehen lassen (daselbst). Nec permittat quis hominem, postquam rectatus est, a se recedere.

Unter der Dienerschaft des Hauses nahm die Schenkin die erste Stellung ein, was sich durch einen Passus aus den Gesetzen des kentischen Königs Aeðelberht (601—604) leicht nachweisen lässt, in dem der Missbrauch von Dienerinnen mit ihrem Rang entsprechender Strafe belegt wird (Liebermann, S. 4, 16).

Gif wið ceorle birelan man geligeþ, VI scillingum gebete; æt þære oþere ðeowan L scætta; æt þære þriddan XXX scætta.

Das Wort byrele oder byrle = pincerna (Wright-Wülcker Voc. S. 189, 281 u. ö.) kommt im Epos nur stark flektiert, also in der Bedeutung „Mundschenk" vor. Da sich die Epik fast durchgängig auf aristokratische Verhältnisse und festlich gehobene Zustände bezieht, so ist anzunehmen, dass männliche Verwalter des Amtes nur an den Höfen der Könige und des hohen Adels üblich waren, während sich der Durchschnittshaushalt, soweit er einen besonderen Dienstboten dafür anzustellen überhaupt im Stande war, wohl mit einer Schenkin begnügte. Und auch das ging bis in die adeligen Kreise herauf, wobei die grössere Billigkeit oft genug ausschlaggebend gewesen sein mag (daselbst, 14): Gif wið eorles birele man geligeþ, XII scill' gebete. Der Dienerschaft fiel auch die Herstellung der einfacheren Getränke, vornehmlich also des Metes zu. (Alfr. Boeth. VIII, v. 21 ff., Gr.-W., Bd. III 2, S. 12.)

    Næs þa scealca nan,
  þe mete oððe drinc mængan cuðe,
  wæter wið hunige.

Das lateinische Original hat davon nichts.

Das Verhältnis zwischen Herrschaft und Hausgesinde und die Form eines ihrer gemeinsamen Feste zu beleuchten, sind wir wohl berechtigt, eine Stelle der Genesis heranzuziehen. (Gr.-W. Bd. II, S. 438, v. 2777 ff.)

  þa seo wyrd gewearð, þæt þæt wif geseah
  for Abraham Ismael plegan,
  ðær hie æt swæsendum sæton butu
  halig on hige and heora hiwan[1]) eall
  druncon and drymdon.

Wir haben hier tatsächliche Verhältnisse vor Augen, wie das freie Schalten mit dem zu Grunde liegenden Text darlegt: fecitque Abraham grande convivium in die ablactationis eius.

---

[1]) hiwan ist hier wohl im angeführten Sinne von „Dienerschaft" und nicht auf das höfische Gefolge bezogen aufzufassen, wie man bei dem sonstigen Zuschnitt der Testamentsparaphrasen auf aristokratische Verhältnisse vielleicht annehmen könnte. Aber erstens kommt es an allen anderen Stellen nur in der Bedeutung „engerer Haushalt" vor (vgl. Bosworth-Toller sub hiwan) und zweitens wäre heora hiwan auf die Gefolgschaft des Fürsten bezogen doch sehr unwahrscheinlich.

Der Zweck aber, den der Genesisdichter mit dieser Umformung verfolgt, macht ihm alle Ehre, und eine kleine Abschweifung sei hier gestattet. Denn durch diese Erweiterung ist die Austreibung der Hagar im Vergleich zur Vorlage ungleich liebenswürdiger dargestellt, eine Anpassung an das germanische Gefühl, die dieses wohl verlangen durfte. Der ganzen Szene ist auf diese Weise viel von der Hässlichkeit genommen, die uns in der Vulgata (und mehr noch im Urtexte) entgegentritt. Und Sarah ist nach der angelsächsischen Version eine wirklich um das Erbteil des eigenen Sohnes besorgte Mutter, ihre Eifersucht und Empfindlichkeit verschwinden vollkommen aus dem Gesichtskreise. Dass sie dem legitim erzeugten Sohne das dereinst zu Erwartende ungeteilt erhalten will, konnte jeder Angelsachse nur billigen, zumal wenn durch die angeführten Verse ein milderer Schein auf das Ganze geworfen wurde. Wie in so vielen anderen Erzeugnissen der germanischen Poesie, die auf biblischer Vorlage beruhen, ist ja auch hier der Gegensatz zwischen Form und Stoff nicht vollkommen ausgeglichen, aber jeder in dieser Hinsicht nur unternommene Versuch muss anerkannt werden.

Auch nach dem Tode des Herrn wurden der Dienerschaft bisweilen noch Feste, Gedächtnismahle gegeben. (Wulfwaru, Thorpe, Dipl. S. 531).

And æfre ælce geare ealle gemænelice ane feorme into Baðum. swa gode swa hi bezte þurhteon magon. to swylcre tide swylce heom eallum þince þæt hi bezt and gerisenlicost hi forðbringan magon.

Eine grosse Rolle spielen Trinken und Trinksitten im Leben der ländlichen Bevölkerung. Die Erwähnung von Getränken als Pachtabgaben findet sich sehr häufig.

So verordnen die Gesetze Ines (688—695) (Liebermann, S. 119, 70, 1):

Aet tyn hidum to fostre tyn fata hunies, ðreo hund hlafa, twelf ambra Wylisces ealoð, ðrittig hlutres — — etc.

Aehnlich in den Rectitudines Singularum Personarum (daselbst, S. 448, 4, 5):

On sumen landa gebur sceal syllan huniggafol, on suman metegafol, on suman ealugafol. Und die ceorlas oder abhängigen Gemeinfreien, die zu Alfreds Zeiten auf dem Gebiet von Hursthourn ansässig waren, hatten u. a. jährlich 6 Kirchenmetzen Ale zu entrichten. (Kemble, Cod. dipl. Nr. 1077.)

Auch der Weinstock hatte seinen Einzug in England gehalten. Zwar berichtet noch Tacitus (Agricola c. 12): „solum praeter oleam vitemque et cetera calidioribus terris oriri sueta patiens frugum, fecundum", aber vom Kaiser Probus heisst es: „Gallis omnibus et Hispaniis ac Britanniis hinc permisit ut vites haberent vinumque conficerent".[1]) Daraus ist von Einigen auf eine Einführung des Weinbaues um 280 n. Chr. geschlossen worden.[2]) Doch wird sich ein Nachweis dafür nicht erbringen lassen, weil aus dieser Nachricht noch nicht folgert, dass die Provinz auch gleich von der erteilten Erlaubnis Gebrauch gemacht hat, und die nächste Erwähnung sich erst bei Beda findet (Hist. Eccles. S. 6): „uineas etiam quibusdam in locis germinans". Auch Irland brachte Wein hervor (das. S. 10), und zwar scheint seine Sorte die bessere gewesen zu sein, soweit man in diesem Falle überhaupt von Güte reden kann. „Dass der Weinbau in der angelsächsischen Epoche nicht ohne einige ökonomische Bedeutung war, beweist ein Gesetz Alfreds des Grossen, worin die Beschädigung von Weingärten und Aeckern mit Strafe bedroht wird.[3]) (Liebern., S. 37, 26). Gif hwa awyrde oþres mannes wyngeard oððe his æceras oððe his landes awyht, gebete swa hit man geæhtie. Im Gerefa wird wingeard settan (Liebern., S. 454, 12) als Pflicht des Gutsherrn genannt, und eine Art Bauernregel besagt (Cock. Leechd. III, S. 164): Gif seo midwinter bið on Wodnesdæg — — — wingeardas beoð geswencfulle. Nach Wilhelm von Malmesbury brachte das Tal von Gloucester den besten Wein hervor (Gesta Pont.,

---

[1]) Hehn, a. a. O. S. 79.
[2]) vgl. Anglia, Beibl. XVII, S. 208.
[3]) Hoops, a. a. O. S. 610. „In den altenglischen Urkunden ist merkwürdigerweise von Weingärten nirgends die Rede." — Dies trifft nicht zu, vgl. Thorpe, Dipl. S. 209 u. Turner, History of the Anglo-Saxons II, S. 340.

S. 292): Regio plus quam aliae Angliae provintiae vinearum frequentia densior, proventu uberior, sapore jucundior. Vina enim bibentum ora tristi non torquent acredine, quippe quae parum debeant Gallicis dulcedine.

Und von Thorney heisst es (daselbst, S. 326): — — — hic praetexitur ager vineis, quae vel per terram repunt, vel per bajulos palos in celsum surgunt.

Bei Heinrich von Huntingdon findet sich über den Weinbau des Landes (a. a. O. S. 10): Cum autem tot rebus abundet Brittannia, vineae quoque fertilis est, sed raro — — —, und kurz darauf in einem Gedichte, das die Vorzüge der Hauptstädte preist (a. a. O. S. 11):

„Testes Londoniae ratibus, Wintoniae Baccho".

Im Domesday Book endlich werden 38 Weinberge in Südengland aufgezählt (Ellis, Introduction to Domesday Book, 1833, I, 116—122).

Ausländischer Wein unterliegt einer Einfuhrsteuer. Aethelreds (ca. 991 — ca. 1002) zu London erlassene Vorschriften verordnen (Liebermann, S. 232, 2, 5):

Homines de Rotomago, qui ueniebant cum uino uel craspice, dabant rectitudinem sex sol. de magna naui et XX frustrum de ipso craspice.

Verschiedene Feste vereinigten auch auf dem Lande den Hausvorstand und sein Weib mit ihren Dienstboten im Laufe des Jahres, wie aus den Landgutssatzungen (Lieberm., S. 452) hervorgeht: Feola syndon folcgerihtu: on sumre ðeode gebyreð winterfeorm, Easterform, bendfeorm for ripe, gytfeorm for yrðe — was bei dem letzteren Fest die Hauptrolle gespielt hat, ist aus der Wortbildung unschwer zu ersehen. Auch den leibeigenen Leuten gebühren zwei Schmäuse im Jahre (Rect. Sing. Pers., a. a. O. S. 450, 9,1):

Eallum æhtemannum gebyreð Midwintres feorm and Easterfeorm etc. Ein Erntefest erwähnt Ordericus Vitalis (a. a. O. S. 514), als er von den dänischen Eindringlingen des Jahres 1069 spricht, gegen die König Wilhelm die Grafen Robert von Mortaine und Robert von Eu zurückgelassen hat: Verum postquam tuta sunt opinati, conviviis Provincialium (quae vulgo firmam appellant) illecti ad terram egrediuntur. Ambo comites ex improviso eos invadunt, epulas cruore confundunt, — — — etc.

Eine andere Art ländlicher Feste, die zwar nicht gerade aesthetisch wirkt, aber dafür ungemein charakteristisch ist, schildert das Fragment eines angelsächsischen Briefes, das Kluge (Engl. Studien, VIII, S. 62 f) veröffentlicht hat.

Ic bidde eac þe, broðor, forþamðe þu byst uppan lande mid wimmannum oftor þonne ic beo, þæt þu him an þing secge gif ðu for sceame swaþeah hit him secgan mæge; me sceamað þearle þæt ic hit secge ðe. Ic hit gehyrde oft secgan and hit is yfelsoð þæt þas uplendiscan wif wyllað oft drincan and furþon etan fullice on gangsetlum æt heora gebeorscipum; ac hit is bysmorlic dæd and micel higeleast and huxlic bysmor, þæt ænigman æfre swa unþeawfæst beon sceole þæt he þone muð ufan mid mettum afylle and on oðerne ende him gange þæt meox ut fram and drince þonne ægðer ge þæt ealu ge þone stenc, þæt he huru swa afylle his fracodan gyfernysse. Ic nemæg for sceame þa sceandlican dæde, þat ænigman sceole etan on gange, swa fullice secgan swa hit fullic is; ac þæt næfre nedeð nan ðæra manna ðe ðeah.

Bei einer solchen Vorliebe für den Trunk darf es nicht Wunder nehmen, wenn man das Ale für einen selbst **dem Vieh heilbringenden Trank** hält und kranke Schafe damit behandelt.

Gif sceap sion ylon.

[Genim] lytel niwes ealoð, and geot innon ælc þæra sceapa muð, and do þæt [hi hrað]or swelgon. þæt heom cymð to bote (Cockayne, Leechd. I, S. 389).

So sehr die Angelsachsen der gemeingermanischen Vorliebe für den Trunk huldigten, so wurden sie darin doch noch von einem anderen Volke übertroffen, den **Dänen** nämlich. Das geht zunächst einmal aus der nordischen Literatur selbst hervor, dann aber sprechen auch die angelsächsischen Chronisten stets von der Trunksucht des Erbfeindes und beklagen den **schlechten Einfluss**, den diese auf die eigenen Volksgenossen ausübe.

Die eben erwähnte Art ländlicher Gelage scheint direkt auf dänische Einwirkung zurückzuführen zu sein, denn der Schreiber des Briefes äussert sich darüber:

Ic secge eac ðe, broðor Eadweard, nu þu me þyses bæde, þæt ge doð unrihtlice, þæt ge ða engliscan þeawas forlætað þe eowre fæderas heoldon and hæðenra manna þeawas lufiað þe eow ðæs lifes ne-unnon — — — u. s. w.

Wilhelm von Malmesbury beklagt, dass Eadgar auch den Dänen Zutritt zu seinem Hofe gestatte, deren Sitten auf die des Volkes einen üblen Einfluss hätten, weil sie: a Danis potationem discerent (Gesta Reg., S. 236) und Ordericus Vitalis (a. a. O. S. 518) schreibt ihren Einfällen einen grossen Teil der Schuld an der Verderbnis der Kirchenzucht in England zu: Sic omnipotentis Dei gusto nutu, postquam electi de transitoriis ad aeterna migrarunt, dum Daci, ut jam descripsimus, divino et humano metu carentes per Angliam diu debacchati sunt: innumerare contra Dei legem praevaricationes temere patratae sunt. — —

Es war bei den Dänen Sitte, dass der Gutsherr, nachdem er die Bewirtung seiner Landsassen genossen, ihnen zum Dank zuweilen ein Stück Land überliess, einen Vorgang, den man nach dem, was bei dieser Bewirtung die Hauptrolle gespielt, „_ndrekkulaun" nannte (Steenstrup, Danelag 186). In zwei englischen Gesetzen fndet sich nun ein entsprechendes Wort, „_ndryncelean" nämlich, das dadurch, dass es erstens in Cnuts Gesetzen (Liebermann, a. a. O. S. 366, 81):

And drincelean and hlafordes rihtgifu stande æfre unawend — und zweitens im Gesetz der nordhumbrischen Priester, also in einem stark unter dänischem Einflusse stehenden Teile des Landes: and we willað, þæt — — — fæste stande — — — and dryncelean (a. a. O. S. 385) vorkommt, auf skandinavische Beziehungen hinweist. Es sind nun folgende Möglichkeiten vorhanden:

Erstens: Die dänische Sitte übertrug sich auf die nordenglischen Gebiete. Es würde sich dies auf die merkwürdige Uebereinstimmung der beiden Worte und das Vorkommen im nordhumbrischen Priestergesetz stützen. Herr Professor Liebermann äussert sich darüber: „Einen Beleg aus dem Englischen Rechte für die Institution der Nordischen Sitte hat man bisher nicht gefunden. Freilich beweist das nichts gegen ihre Existenz: Nordenglische Urkunden aus dem 10. und 11. Jahrhundert fehlen". Zweitens: Professor Liebermann wirft die Frage auf, „ob das Wort nicht etwa nur aus dem Nordischen anglisiert worden sei, was nicht ohne Analogie und durch danebenstehende Nordische Worte wahrscheinlich sei".

Diese beiden Auslegungen haben wohl die meiste Wahrscheinlichkeit für sich. Als dritte liesse sich ferner die auch von Liebermann angesetzte „Vertragsabschluss" aufstellen. Denn dass der sogenannte „Weinkauf, d. i. Handgeld, das zum Zeichen des Vertragsschlusses die Kontrahenten mit den Geschäftszeugen vertranken", auch bei den Angelsachsen bestand, geht sowohl aus den Roederschen Untersuchungen über die Verlobung als auch aus einer Stelle der Leges Henrici I. (Liebermann, S. 597, 81) hervor:

De pace regis danda in potatione.
In omni potacione, dacioni uel empcioni — — — etc.

Doch haben wohl wegen der Uebereinstimmung mit dem nordischen Wort und des Vorkommens im nordhumbrischen Gesetze die beiden erstgenannten Möglichkeiten mehr für sich, denn das gerade „dryncelean" die Bezeichnung für den Abschluss der Verträge beim Biere war, lässt sich durch nichts beweisen.

Wenden wir uns nun den Anschauungen und Aeusserungen des Volkes selbst über Trinken und Trinksitten zu, soweit sie nicht auf christlicher Grundlage erwachsen oder durch sie beeinflusst worden sind.

Zum vollständigen Bilde des freien Mannes gehört der Metbecher ebenso sehr wie die Waffe. Dieses Gefühl ist so stark ausgeprägt, dass es sogar in das Recht übergeht: wer mit diesem Symbol des Freien Scherz treibt, beleidigt ihn in seiner Manneswürde und wird bestraft. Es sind dieselben Vorstellungen, die in den alten biblischen Dichtungen den Patriarchen den Becher in die Hand drücken und „Biertrinker" als Synonym für Mann verwenden. So in Hlothæres und Eadrics Gesetzen (Liebermann, S. 11): Gif man oþrum steop asette ðær mæn drincen, butun scylde, an eald riht scll' agelde þam þe þæt flet age, and VII scll' þam þe man þone steop aset, and cyninge XII scll.

Andererseits aber ist man sich auch über die **Schädigungen** klar, die zu vieles Trinken verursacht. Darum soll der König immer nüchterne Männer als Ratgeber haben: „— — — and ealde and wise and syfre him to theahterum hæbbe — — — (Promissio Regis, Reliquiae St. Dunstani, Memorials, S. 356) und für Unrecht, das man im Rausche begangen, ist man gleichwohl **verantwortlich**: Gif ðu hwæt on druncen misdo, ne wit ðu hit ðam ealoðe; forðam ðu hit weolde ðe silf. (Kemble, Anglo-Saxon Apothegms, Sal. and Sat. S. 262). Wer unmässig trinkt, schadet seiner Gesundheit (daselbst, S. 266): Gif ðu wile hal beon, drinc ðe gedeftlice; ælc oferfyl and ælc ydel fet unhælo. Einige weitere wertvolle Aeusserungen volksmässigen Empfindens in Bezug auf diese Dinge werden erst in frühmittelenglischer Sprachform überliefert, gehen aber sicherlich auf die angelsächsische Periode zurück und mögen deshalb hier folgen.

(Proverbia Alfredi, a. a O. S. 234)

þus quad Alfred
Drunken and undrunkin
eþer is wisdome wel god,
þarf no mon drinkin þe lasse,
þan he be wid ale wis;
ac [ef] he drinkit
and desiet þere amorge,
so þat he for drunken
desiende werchet,
he sal ligen long aniht,
litil sal he sclepen
him sugh sorege to,
so deð þe salit on fles,
sukit þuru is liche,
so dot liche blod;
and his morge sclep
sal ben muchil lestin;
werse þe swo on even
yfele haved ydronken.

Die Eingangsverse sind sehr bezeichnend, nach ihnen ist ein **nachteiliger Einfluss des Trinkens auf die Geisteskräfte nicht vorhanden**. Wer aber so viel zu sich nimmt,

dass er am anderen Morgen noch Törichtes treibt, an dem
rächt sich das Uebermass. Ganz klar sind die folgenden
Verse (a. a. O. S. 235):

> Wurþu nevere
> swo wod ne so drunken
> þat evere sai þu þi wif
> al þat þi wille be — — — etc.

Und ebenso eine Lebensregel, Trunkenen aus dem
Wege zu gehen (a. a. O. S. 245):

> Drunken mon þif þu mestes
> in weis oþer in stretes,
> þu gef him þe weie reme
> and let him ford gliden;
> þenne mist þu þi lond
> mid frendchipe helden — — — etc.

Diese so spät überlieferten Denkmäler sind bedeutend
glaubwürdiger in Bezug darauf, dass sie dem allgemeinen
Volksempfinden Ausdruck geben als ein viel früheres, das
XXVIII. Rätsel nämlich, das den Met behandelt (Gr.-W.
Bd. III 1, S. 200). Bei der grossen Freiheit indessen, die die
Behandlungsweise der Vorlage — Aldhelms Bienenrätsel —
gegenüber einnimmt[1]), erscheint es nicht ausgeschlossen, dass
die Darstellung an volksmässige Ideenkreise anknüpft und
nicht nur Ausdruck der Reflexionen eines Einzelnen oder be-
stimmter Kreise ist. Eine gewisse Künstelei lässt sich freilich
nicht verkennen, wenn die Folgen allzu reichlichen Genusses
geschildert werden.

> Nu ic eom bindere
> and swingere, sona weorpere,
> efne to eorþan hwilum ealdne ceorl:
> sona þæt onfindeð, se þe mec feð ongean
> and wið mægenþisan minre genæsteð,
> þæt he hrycge sceal hrusan secan,
> gif he unrædes ær ne geswiceð,
> strengo bistolen strongan spræce,
> mægene binumen, nah his modes geweald,
> fota ne folma. Frige hwæt ic hatte,
> ðe on eorþan swa esnas binde
> dole æfter dyntum be dæges leohte!

---

[1]) vgl. Prehn, a. a. O. 52 f.

v. 17 scheint sich auf Prügeleien und ferner darauf zu beziehen, dass man es für schimpflich hielt, am anderen Morgen noch unter den Folgen des abendlichen Trunkes zu stehen, was ja sehr gut zu den Anschauungen, wie sie in den Proverbiis (vgl. S. 23) entwickelt werden, passen würde. So sind wir wohl berechtigt, einen Einfluss der volksmässigen Trinkanschauungen auf das Rätsel anzunehmen.

Ganz unverfälscht zeigen sich diese Anschauungen wiederum in einem Denkmal späterer Zeit, dem Colloquium Aelfrici, durch das sie schon bis in die Schulstube vorgedrungen sind, um lateinische Formeln an sich abhandeln zu lassen. (Wright-Wülcker Voc. S. 102 f).

Magister: Et quid bibis?
Discipulus: Cervisam, si habeo, vel aquam, si non habeo cervisam.
Magister: Nonne bibis vinum?
Discipulus: Non sum tam dives ut possim emere mihi vinum, et vinum non est potus puerorum sive stultorum, sed senum et sapientium.

Dies stimmt sehr gut mit den Aeusserungen, die uns über den Wein übermittelt sind, zusammen. Schon die stete Wiedergabe von convivium durch gebeorscipe ist charakteristisch. Bis in die höchsten Kreise herauf war der Wein ein seltenes Getränk, das nur bei besonders feierlichen Gelegenheiten gereicht wurde. So bildet sich früh die Vorstellung, dass häufiges und gewohnheitsmässiges Weintrinken etwas Unrechtes sei, zu Uebermut und Ueberhebung führe. Beweis dafür ist, dass die älteren Dichter die abstrakten Begriffe Uebermut, Hoffart und Aehnliches auf diese Weise greifbarer darzustellen pflegen. So im Daniel (Gr.-W. Bd. II., S. 514, v. 752 f)

oð þæt hie gylp beswac
windruncen gewit,

windruncen gewit ist hier eine nähere Erläuterung zu dem Abstraktum gylp.

Aehnlich Genesis, v. 2579 f, bei der Schilderung der Sodomiter (Gr.-W. Bd. II, S. 429):

Hie þæs wlenco onwod and wingedrinc,
þæt hie firendæda to frece wurdon, — — —

Auch physische Schädigungen werden durch den Wein hervorgerufen (Cock. Leechd. II., S. 26):

Wiþ eagna miste monige men þy læs hiora eagan þa adle þrowian lociað on ceald wæter and þonne magon fyr geseon; ne wyrt þæt þa seon, ac micel wingedrinc and oþre geswette drincan — — — u. s. w.

Alfreds Boethiusparaphrase enthält ferner einen Exkurs über das Weintrinken und anderen Luxus, von dem in der Vorlage gleichfalls kein Wort enthalten ist (Gr.-W., Bd. III 2, S. 43 f).

```
37              Ic gereccan mæg,
        þæt of ungemete ælces ðinges,
        wiste and wæda, wingedrinces
        and of swetmettum swiðost weaxeð
        þære wrænnesse woðrag micel,
        sio swiðe gedræfð sefan ingehygd
        monna gehwelces: þonan mæst cymeð
        yfla ofermetta, unnetta saca.
```

Zweites Kapitel:

Die Trinksitten im Leben des Hofes und der Aristokratie.

Es ist ein weiterer Fehler der kulturhistorischen Darstellungen von Strutt, Thrupp und Wright, dass sie die bei den Angelsachsen doch stark ausgebildeten Klassenunterschiede gar nicht berücksichtigen, sondern jede einzelne Sitte und Gewohnheit sich über das ganze Volk hin erstrecken lassen. Denselben prinzipiellen Missgriff begehen einige Leipziger Dissertationen (vgl. Literaturverzeichnis), die die Haupterzeugnisse der älteren Epik auf die darin enthaltenen germanischen Altertümer untersuchen. So ungemein wichtig das äussere Gewand von Beowulf, Genesis, Elene u. a. für die kulturelle Forschung ist, so darf dabei doch nicht ausser Acht gelassen werden, dass diese Poesie nur für die Aristokratie geschrieben worden ist und daher hauptsächlich deren Lebensverhältnisse repräsentiert. Die Beziehungen zwischen Trinksitte und Kultur dieser privilegierten Kreise zu behandeln, wird die Aufgabe des vorliegenden Abschnittes sein. Beschäftigen wir uns zunächst mit den Verhältnissen, die Entsprechungen zum Leben des Volkes darstellen.

Beim Brautkauf spielen wertvolle Trinkgefässe eine Rolle (Gnom. Ex. v. 82 f, Gr.-W., Bd. I, S. 346)

> Cyning sceal mid ceape cwene gebicgan,
> bunum and beagum — — —.,

und die Hochzeitsfeierlichkeiten dauerten zuweilen erheblich länger als in den niederen Schichten der Bevölkerung. Wenigstens berichtet Asser, dass die Vermählung König Alfreds, die man in Mercien unter ungeheurer Beteiligung des Volkes, und zwar beiderlei Geschlechts, beging, tagelang gewährt habe (a. a O. S 54):

Cum ergo nuptias honorabiliter in Mercia factas inter innumerabiles utriusque sexus populos solemniter celebraret; post diuturna die noctuque convivia, — — — u. s. w.

An den Hochzeiten der Grossen des Landes wird in vielen Fällen auch der König teilgenommen haben, wobei es anscheinend den Höhepunkt der Festlichkeit bildete, dass er sich erhob und dem neuvermählten Paare zutrank. — Im Jahre 1042 stirbt Hardacnut zu Lambeth bei Gelegenheit der Hochzeit von Githa, der Tochter Osgod Clapas, mit dem Dänen Tovi, zubenannt Prud, der Stolze. Sämtliche Chronisten berichten, dass der König in scharfem Zechen begriffen vom Schlage gerührt wurde, er scheint nicht nur bei dieser Gelegenheit dem Becher fleissig zugesprochen zu haben. — — — magna cum laetitia tradebat nuptni, laetus, sospes et hilaris, cum sponsa praedicta et quibusdam viris, bibens staret, repente inter bibendum miserabili casu ad terram corruit (Flor. Wig. Chron. S. 196). In der Sachsenchronik haben Cott. Tib. B I und B IV folgenden Zusatz: „— — — swa þæt he æt his drince stod. And he færinga feoll to þære eorðan mid egeslicum anginne" — — — u. s. w. Jenes „so dass er bei seinem Trunke stand" weist doch auf eine besondere Veranlassung hin, und diese kann hier nur der Trunk auf das Wohl des Brautpaares sein, was ein Zusammenhalten mit dem Bericht Florenz von Worcesters ziemlich zweifellos macht.

Eine weitere Darstellung einer Adelshochzeit findet sich bei Wilhelm von Malmesbury, als er die Norwicher Verschwörung gegen Wilhelm den Eroberer schildert (Gesta Reg. S. 430): Itaque ipso nuptiarum die magnis apparatibus convivium agitatur (quod Normannorum gulae jam Anglorum luxus influxerat), ebriis conviviis, et vino sumentibus, amplo verborum ambitu propositum suum aperit: illi, quia in eorum animo pro potu omnis ratio caligabat, ingenti plausu dicenti acclamant.

Die gesundheitlichen Schädigungen waren in diesen Kreisen womöglich noch häufiger und ernsterer Art als beim Durchschnitt der Bevölkerung. Wie Hardacnut starb haben wir eben gesehen, auch König Brihtwold II. findet sein Ende „inter medios potationum apparatus" (Will. Malm. Gesta Pont. S. 44) und den Eorl Godwine trifft ein Schlagfluss an der königlichen Tafel zu Winchester (Will. Malm. Gesta Reg. S. 211).

Wenden wir uns nun den spezifisch höfischen Gelagen zu, so würde uns deren äussere Form zunächst zu beschäftigen haben. Durch Hornruf werden in den älteren Zeiten die Teilnehmer zum Feste gerufen (XV. Rätsel, Gr.-W. Bd. III 1, S.192):

 16 hwilum ic gereordum rincas laðige
   wlonce to wine — — —

Sie folgen der Einladung. Ein Epos der späteren Zeit, das sich aber an Kraft und Eindringlichkeit der Schilderung sehr wohl neben die Erzeugnisse der früheren Periode stellen kann, die Judith nämlich, enthält eine vorzügliche Darstellung dessen (Gr.-W. Bd. II, S. 295):

 15 Hie ða to ðam symle sittan eodon
   wlance to wingedrince, ealle his weagesiðas,
   bealde byrnwiggende.

So betreten sie die Methalle, „wo im friedlichen Kreise gewohnt, erzählt und gezecht wurde". Dieses Gebäude dürfte wohl ein Bestandteil der königlichen Residenz gewesen und aus einer altgermanischen Halle, in der der Fürst seine Gefolgsleute unterhielt, hervorgegangen sein. Dafür sprechen Stellen wie Beowulf v. 67 ff (Gr.-W. Bd. I. S. 152):

>Him on mod bearn,
>þæt he healreced hatan wolde,
>medoærn micel men gewyrcean,

und Wortbildungen gleich beahsele (Beow. 1177), hringsele (Beow. 2010) u. ä. Der überwiegende Teil des Friedenslebens der Gefolgschaft spielt sich hier ab, dient die Halle den Helden doch sogar als Schlafstätte (Beow. 138 ff, Gr.-W., Bd. I, S. 154):

>þa wæs eaðfynde, þe him elles hwær
>gerumlicor ræste rymde,
>bed æfter burum,

Die Kentsche Erklärung von der „remarkable institution which seems to have united in itself a sort of casino, restaurant, royal apartments and public hall"[1]) erscheint nicht ganz einwandfrei. Bei besonders festlichen Gelegenheiten wird die Halle ausgeschmückt (Beow. 991 ff, Gr.-W. Bd. I, S. 185)

>þa wæs haten hreþe Heorot innanweard
>folmum gefrætwod: fela þæra wæs
>wera and wifa, þe þæt winreced,
>gestsele gyredon. Goldfag scinon
>web æfter wagum, wundorsiona fela
>secga gehwylcum, þara þe on swylc starað.

Bei solch aussergewöhnlichen Gelagen wird auch Wein gereicht (Beow. 1161 f, a. a. O. S. 191):

>byrelas sealdon
>win of wunderfatum — — —

und deutlicher noch (Beow. 1232, a. a. O. S. 194):

>þær was symbla cyst,
>druncon win weras:

Die Anordnung und Verteilung der Zechenden war im Wesentlichen die, dass der Fürst auf einem erhöhten Platze im Saale sass (Beow. 1085, a. a. O. S. 188):

>Ac hig him geþingo budon,
>þæt hie him oðer flet eal gerymdon,
>healle and heahsetl.

---
[1]) a. a. O. S. 61 f.

Das flet zerfällt also in zwei Teile: healle und heahsetl. Eine Abbildung des MS. Cotton. Julius A. VI (bei Wright, S. 31 und besser bei Strutt, Nr. X) zeigt drei Personen auf dem Hochsitz, von denen wohl die mittelste der Fürst und die beiden anderen hervorragende Gäste sind, was ja der kontinentalen Sitte entspricht. Eine Abweichung von dieser bestand aber insofern, als nicht alle der an Rang höchsten Teilnehmer hier ihren Platz haben. Zwar sitzt der Sprecher hier, den wir uns wohl als eine Art Ceremonienmeister und Leiter der Unterhaltung vorzustellen haben (Beow a. a. O. S. 192):

> 1165   Swylce þær Hunferþ þyle
> æt fotum sæt frean Scyldinga,

desgleichen die Königin, aber Beowulf selbst, der höchste der Gäste, sitzt an einer anderen Stelle des Saales bei den Kindern des Königs. Bei derartig besonderen Gelegenheiten haben anscheinend auch die noch nicht herangewachsenen Fürstensöhne zur Verherrlichung des Gelages an demselben teilgenommen (Beow. 1188, a. a. O. S. 193)

> Hwearf þa bi bence, þær hyre byre wæron,
> Hreðric and Hroðmund, and hæleþa bearn
> giogoð ætgædere, þær se goda sæt,
> Beowulf Geata be þæm gebroðrum twæm.

Dieser Platz muss aber fast am anderen Ende der Halle gewesen sein (v. 620 ff). Ob die frühgermanische Gewohnheit, an einzelnen Tischen von 3—4 Personen zu sitzen, beibehalten wurde oder ob man an grösseren Tischen trank, lässt sich mit Bestimmtheit nicht sagen, die bildlichen Darstellungen widersprechen einander hier (vgl. Wright, a. a. O., S. 23—29). Man sass auf Bänken.

„Die Gefolgschaft eines zu Gaste geladenen Fürsten wurde nicht unter die übrigen Tafelgenossen verteilt, sondern sie blieb beisammen und erhielt einen oder mehrere Tische für sich angewiesen". (Beow. 491, a. a. O., S. 167)

> þa wæs Geat-Mæcgum geador ætsomne
> on beorsele benc gerymed,
> þær swiðferhþe sittan eodon,
> þryðum dealle.

Das förmliche Ende der Feier bezeichnet der Aufbruch des Fürsten (Beow. 642—46, a. a. O. S. 172):

> þa wæs eft swa ær inne on healle
> þryðword sprecen, ðeod on sælum,
> sigefolca sweg, oþ þæt semninga
> sunu Healfdenes secean wolde
> æfenreste

Nachdem alle Platz genommen, tragen die Schenken den Einzelnen das Getränk zu, so das Gelage eröffnend (Judith, Gr.-W. Bd. II, S. 295)

> 17   þa wæron bollan steape
> boren æfter bencum gelome, swylce eac bunan and orcas
> fulle fletsittendum

Jeder einzelne Tisch hatte seinen besonderen Schenken. So wartet dem Gefolge Beowulfs, nachdem es Platz genommen, sofort ein Schenke auf (a. a. O. S. 167, 494—96):

> þegn nytte beheold,
> se þe on handa bær hroden ealowæge,
> scencte scir wered.[1])

Je grösser der Eifer des Schenken, um so höher die Freude der Zechenden (Schicks. d. Menschen, Gr.-W. Bd. III 1, S. 150)

> 77 Sum sceal on heape hæleþum cweman,
> blissian æt beore bencsittendum,
> þær biþ drincendra dream se micla.

Und ein guter Schenk wird gekennzeichnet (Schicks. der Menschen, Gr.-W. Bd. III 1, S. 150):

> 74 Sum bið gewittig æt winþege
> beorhyrde god.

Die Ansicht Fuhses, dass die Bedienung auch bei den königlichen Festen anfänglich dem Gesinde oblag und das Amt des Truchsessen, Mundschenken etc. noch nicht wie später von Adeligen oder gar den Grossen des Reiches verwaltet wurde, erscheint wohlbegründet.[2]) Demnach wäre þegn in v.

---

[1]) Nach Heyne-Socin, Beowulf, S. 283 sub wered: eine Art Bier, wahrscheinlich Bier ohne Hopfen oder Eichenschälholz.
[2]) vgl. a. a. O. S. 18.

494 als blosse poetische Hyperbel anzusehen. Später verschiebt sich dann die Stellung des Mundschenken vollständig Bei der mehr absoluten Stellung, die der König allmählich einnimmt, und mit der Ausbildung einer formellen Etikette wird es zur Ehre, den Herrscher bedienen zu dürfen, das Schenkenamt geht in die Hände von Adeligen über und entwickelt sich allmählich zur hohen und begehrten Hofstellung. Der erste königliche Mundschenk wird in einer Urkunde aus der Zeit um 780 erwähnt: Dudda pincernus (Cod. dipl. Nr. 148) — also war der Umschwung im 8. Jahrhundert bereits vollzogen. Von da ab findet sich das Amt regelmässig erwähnt. „Was abgesehen von seinem persönlichen Dienste an der königlichen Tafel und der ohne Zweifel ihm übertragenen Aufsicht über die königlichen Keller, seine besonderen Geschäfte waren, können wir jetzt nicht mehr nachweisen; allein das Amt war eine der höchsten Würden, und ward bekleidet durch Adlige von der vornehmsten Geburt und dem grössten Einflusse".[1]) Unter dem Jahre 849 zählt Florenz von Worcester bei der Festlegung von König Alfreds Stammbaum als den Vater von Alfreds Mutter Oslac — famosi pincernae regis Aethelwulfi; qui Oslac Gothus erat natione — auf (Flor. Wig. Chron. S. 71) und Asser nennt jene Osburh „femina nobilis ingenio, nobilis et genere" (a. a. O. S. 4).

Auch die Königin hatte einen Mundschenken: „venit Cantiam ad Lotharium Regem, qui erat filius Sexburgae sororis S. Etheldredae reginae; qui et ipse quondam ejusdem Reginae minister fuerat, i. e. pincerna (Hist. Eliensis, Wharton Anglia Sacra, Bd. I, S. 601).

Zu welcher Vertrauensstellung und oft unheilvollem Einfluss auf den Herrscher einzelne Mundschenken gelangten, zeigt eine Notiz Wilhelms von Malmesbury zum Jahre 926, als von der durch König Aeðelstan veranlassten Ermordung seines Bruders Eadwin die Rede ist.

Ethelstanus, postquam ira deferbuit, animo sedato factum exhorruit, septennique poenitentia accepta, in delatorem fratis animose ultus est. Erat ille pincerna regis, et per hoc ad persuadenda quae excogitasset accomodus Itaque cum forte die solenni vinum propinaret, in medio triclinio uno pede lapsus,

---
[1]) Kemble, Sachsen in Engl., S. 93.

altero se recollegit; tunc, occasione accepta, fatale sibi verbum emisit: „Sic frater fratrem adjuvat." Quo rex audito perfidum obtruncari praecepit, saepius auxilium germani, si viveret, increpitans, et mortem ingemiscens (Will. Malm. Gesta Reg. S. 224).

Zwischen ganz ungemeinen Extremen schwankt die Unterhaltung beim Gelage. Geleitet wird sie vom Sprecher, þyle, „dem Lehnsmann, der am Hofe die Unterhaltung zu führen hat".[1]) Den Wechsel von Rede und Gegenrede, das so beliebte Wortgefecht, finden wir in guter Schilderung im „Gemüt der Menschen" (Gr.-W. Bd. III 1, S. 144 f):

> 13 þonne monige beoð mæþelhergendra
> wlonce wigsmiþas winburgum in,
> sittaþ æt symble, soðgied wrecað,
> wordum wrixlað, witan fundiaþ,
> hwylc æcstede inne in ræcede
> mid werum wunige, þonne win hweteð
> beornes breostsefan.

Zuweilen wird auch eine kostbare Waffe herumgegeben und bewundert (Rä. XXI, Gr.-W. Bd. III 1, S. 196):

> 9 Cyning mec gyrweð
> since and seolfre and mec on sele weorþað:
> ne wyrneð word lofes, wisan mæneð
> mine for mengo, þær hy meodu drincað;

Die häufige Verwendung von Trinksituationen in der Rätseldichtung weist darauf hin, dass auch Rätselraten einen Teil der Unterhaltung ausmachte. An einer starken Neigung zu Zote und Zweideutigkeit hat es gleichfalls nicht gefehlt.[2]) Und trifft im LXVIII. Rätsel Trautmanns Lösung: Bibel zu, so würde das allerdings den äussersten Gegensatz der Unterhaltung bei solchen Festen bedeuten. (Gr.-W., a. a. O. S. 222)

> 16 Ic þæt oft geseah
> golde gegierwed, þær guman druncon,
> since and seolfre.

---

[1]) Müllenhoff, Deutsche Altertumskunde, V. S. 288.
[2]) vgl. Rätsel XLIII u. LV.

Von solchen Belustigungen, wie sie die vorher erwähnten Rätsel darstellen, bis zur Betrachtung der kostbar verzierten Bibel, ist allerdings ein ziemlicher Abstand. Und es hindert uns nichts, nicht auch anzunehmen, dass bei solchen Gelegenheiten wirklich aus dem heiligen Buche vorgelesen wurde. Im Beowulf wird von Liedern berichtet, deren Stoff der Schrift entnommen ist und die beim Gelage vorgetragen werden. Ferner wurde bei den Mahlzeiten der Benediktiner aus Homilien und Heiligenleben vorgelesen,[1]) eine Sitte, die sich leichtlich auf weltliche Kreise übertragen haben kann. Vielleicht liegt hier sogar eine kirchliche Anregung vor, um den doch einmal unausrottbaren Freuden einen gemässigten Anstrich zu geben.

Die vornehmste Art der Unterhaltung aber bezeichnet das Auftreten des Sängers (Beow. a. a. O. S. 153).

```
    89                         þær wæs hearpan sweg,
            swutol sang scopes.
```

Oder Beow. 496 (a. a. O. S. 167)

```
                      Scop hwilum sang
            hador on Heorote: þær wæs hæleða dream,
```

So singt er bald das alte Heldenlied vom Ueberfall der Dänen zu Finnsburh (v. 1063 ff), bald von der Erschaffung der Welt (v. 90 ff). Und wenn er sein Lied beendet, so (a. a. O. S. 191, v. 1160—1)

```
                            gamen eft astah
            beorhtode bencsweg:
```

Dem Sänger aber wird reicher Lohn zu Teil (Widsið, Gr.-W. Bd. I, S. 1, v. 3—4):

```
                      oft he on flette geþah
            mynelicne maþþum.
```

Dass die Laute auch zuweilen vom Einen zum Andern ging und jeder seinen Teil zur Erhöhung des Jubels beitrug, geht aus der ja sattsam bekannten Erzählung des Caedmonwunders hervor. — — —

Das Zutrinken fand wohl in der Weise statt, dass man die Becher gegen einander erhob. Es geht dies aus einer Abbildung im MS. Cotton. Claudius B. IV (Aelfrics Genesis, bei Wright, S. 23 und Strutt, Tafel XVI) deutlich hervor.

---

[1]) vgl. Keller, a. a. O. S. 66.

Eine dabei übliche Formel war wohl, dass der Zutrinkende seinen Becher mit „Wes hal" erhob und der, dem die Ehrung zugedacht war, mit „Drinc hal" antwortete, was sich allerdings nur auf eine einigermassen vorsichtig zu verwendende Quelle stützen lässt — die Historia Britonum Gottfrieds von Monmouth. — — — „ab illo die usque ad hodiernum mansit consuetudo illa in Britannia, quod in conviviis qui potat, ad alium dicit: Wacht heil! qui vero post ipsum recipit potum, respondet: Drinc heil!" (a. a. O. S. 84). So wenig man ja mit dem Bischof von St. Asaph als einer ernst zu nehmenden Geschichtsquelle rechnen darf, so kann die angeführte Stelle doch wohl auf Authentizität Anspruch machen, weil er eine freie Erfindung des Trinkspruches, wenn ihm wie hier jeder die Unwahrheit mit Leichtigkeit nachweisen konnte, nicht wagen durfte. Vielleicht sollten gerade solche Einschiebsel, deren Tatsächlichkeit unbestritten dastand, der sonstigen tendenziösen Erfindung einen Anstrich von Wahrheit geben. Die durch spätere Abschreiber verdorbene sprachliche Form ist in diesem Falle leicht wieder herzustellen.

Eine andere Art des Zutrinkens war nach Strutt die folgende (a. a. O. S. 49): „The person who was going to drink asked any one of the company that sat next him, whether he would pledge him, on which, he answering that he would, held up his knife or sword to guard him whilst he drank, (for while a man is drinking, he necessarily is in an unguarded posture, exposed to the treacherous stroke of some hidden or secret enemy). This custom, as it is said, first took rise from the death of young king Edward, (called the Martyr) son to Edgar, who was by the contrivance of Elfrida his stepmother, traiterously stabbed in the back as he was drinking."

Während Strutt sonst stets seine Quellen anführt, ist die, aus der ihm diese Erkenntnis geflossen, nicht erwähnt. Eine solch auffallende Sitte müsste sich doch in einer der Hauptquellenschriften finden, aber sie ist nirgends überliefert, auch Wilhelm von Malmesbury bringt nur die Ermordung Eadweards, ohne sich über die daraus entstanden sein sollende Art des Zutrinkens nur mit einer Silbe zu äussern. Strutt scheint irgend eine ältere Chronik oder dergleichen unzuverlässige Darstellung hier benutzt zu haben, die diese Fabel enthielt — leider ohne sie zu nennen, und stützt das Ganze nun seinerseits durch Ausführungen über nachstehende Abbildung.

MS. Tiberius C. VI, S. 5 (nach Wright 10. Jahrhundert).

„The above delineation seems perfectly well to agree with the reported custom, the middle figure is addressing himself to his companion, who tells him that he pledges him, holding up his knife in token of his readiness to assist and protect him" (daselbst).

Diese Deutung könnte reichlich kühn erscheinen, und es fragt sich, ob der rechts sitzende Mann nicht einfach im Begriffe ist, mit seinem Messer den Fisch in seiner Linken in Angriff zu nehmen, als er von dem in der Mitte befindlichen angesprochen wird und sich nach diesem umwendet. Alles in allem steht die Theorie von der erwähnten Art des Zutrinkens doch auf zu schwachen Füssen, um ernstlich in Frage zu kommen. Aber während das Einflechten dieser etwas phantasievollen Erzählung in einem Buche des XVIII. Jahrhunderts noch verständlich ist, überrascht es sehr, dass auch ein Forscher wie Thrupp, der doch bedeutend ernster genommen werden will, sie Strutt einfach nachschreibt. Seine eingangs erwähnte Kritiklosigkeit zeigt sich da wieder im hellsten Lichte. — —

Trinkzwang bestand bei den höfischen Gelagen wohl noch mehr als im privaten Kreise. Aelfric benutzt in seiner Paraphrase über das Buch Esther die sich darbietende Gelegenheit, dagegen zu eifern, hier wie überall auf tatsächliche Verhältnisse Bezug nehmend. Eine Zusammenstellung von Original und Bearbeitung ergibt:

Nec erat qui nolentes cogeret ad bibendum, sed sicut rex statuerat, praeponens mensis singulis de principibus suis, ut sumeret unusquisque quod vellet (Lib. Esth. I, 9)

> 20 Se cyning bebead þam gebeorum eallum,
> þæt hi bliþe wæron æt his gebeorscipe
> and þæt ælc mann drunce þæs deorwurðan wines,
> beþam þe he sylf wolde and him softost wære,
> and nan man ne moste neadian oðerne
> to maran drænce, þonne his mod wolde.
> Ac þa byrlas scencton be þæs cyninges gesetnysse
> ælcum men genog name, þæt he wolde.
> (Bibl. d. a. Pr. Bd. III, S. 92f)

So war häufige Trunkenheit bei den meisten der Teilnehmer natürlich unvermeidlich. Die beste und kraftvollste Schilderung dieser Art hat zweifellos die Judith, deren Verfasser aus dem einen Satze: Et iucundus factus est Holofernes ad eam, bibitque vinum multum nimis, quantum nunquam biberat in vita sua (Lib. Jud. XII, 20) die folgenden, lebendigster Anschauung entnommenen Verse macht (Gr.-W. Bd. II, S. 296):

> 21   þa wearð Holofernus,
> goldwine gumena on gytesalum;
> hloh and hlydde, hlynede and dynede,
> þæt mihten fira bearn feorran gehyran,
> hu se stiðmoda styrmde and gylede,
> modig and medugal manode geneahhe
> bencsittende, þæt hi gebærdon wel.
> Swa se inwidda ofer ealne dæg
> dryhtguman sine drencte mid wine,
> swiðmod sinces brytta, oð þæt hie on swiman lagon,
> oferdrencte his duguðe ealle, swylce hie wæron deaðe geslegene,
> agotene goda gehwylces. Swa het se gumena aldor
> fylgan fletsittendum, oð þæt fira bearnum
> nealæhte niht seo ðystre.

v. 27 ist wohl eine Aufforderung, sich dem Gebotenen kräftig hinzugeben. Man wird es in diesen Kreisen kaum als Schande betrachtet haben, sich zu betrinken, denn auch nur die allerkleinste Aeusserung, die so aufzufassen wäre, fehlt vollkommen. Für den Judithdichter besteht die ganze Verworfenheit des Holofernes offenbar darin, dass er seine Herrscherstellung benutzt, seine Gefolgsleute über ihr Vermögen zum Trinken zu zwingen. Und wenn die doch anscheinend beabsichtigte Darstellung des biblischen Scheusals misslungen, wenigstens nicht konsequent genug durchgeführt ist (dafür sprechen andere Stellen, aber auch bei kaum einer anderen germanischen Bibelparaphrase tritt der innere Zwiespalt zwischen Stoff und Behandlungsweise so augenfällig hervor wie gerade hier), so erfreuen wir uns dafür an dem prächtigen Bilde des angelsächsischen Recken, der in lachender Kraft die Genossen unter den Tisch trinkt. Doch zuletzt ereilt auch ihn das Geschick der anderen (a. a. O. S. 298)

> 67 Gefeol ða wine swa druncen
> se rica on his reste middan, swa he nyste ræda nanne
> on gewitlocan.

Auch hier hat dem Dichter wohl ein heimisches Vorbild vor Augen gestanden. Und an **Streitigkeiten** fehlte es gleichfalls nicht. Zunächst mit Worten geführt (Beow. a. a. O. S. 168, 531):

> beore druncen ymb Brecan spræce,

oder (Gemüt der Menschen, a. a. O. S. 145, 19—21):

> breahtem stigeð
> cirm on corþre, cwide scralletaþ
> missenlice,

gehen sie bald in Tätlichkeiten über (Beow. S. 232, 2179—80):

> dreah æfter dome nealles druncne slog
> heorðgeneatas,

und selbst das Schwert wird zuweilen gezogen (Schicks. d. Menschen, a. a. O. S. 149, 48—50):

> Sumum meces ecg on meodubence
> yrrum ealowosan ealdor oþþringeð,
> were winsadum: bið ær his worda to hræd.

So nimmt die Feier oft ein trauriges Ende.

Ein um so anmutigeres Bild bietet dafür die hübscheste der angelsächsischen Trinksitten, die Teilnahme der Frau am Gelage. Bei allen germanischen Stämmen in mehr oder minder verschiedenen Formen ausgebildet, scheint sie bei den Angelsachsen die grösste Vollendung erlangt zu haben, wenigstens fliesst hier das Material am reichlichsten. Bei Gottfried von Monmouth findet sich ein Bericht über das berühmte Gastmahl, das Hengist dem Britenkönig Vortegern gab (a. a. O. S. 84).

Conduxerunt etiam Hengisti filiam nomine Rowen: cujus pulchritudo nulli secunda videbatur. Postquam autem venerunt, invitavit Hengistus Vortegirnum regem in domum suam, ut et novum aedificium et milites novos qui applicuerant videret. Venit ilico rex privatim, tamque subitum laudavit opus, et milites invitatos retinuit. Ut vero regiis epulis refectus fuit, egressa est puella de thalamo, aureum scyphum vino plenum ferens; accedens deinde propius, regi flexis genibus dixit: „Lauerd King wacht heil." At ille, puellae visa facie, admiratus est tantum ejus decorem, et incaluit. Deinde interpretem suum interrogavit quid puella dixerat, et quid ei respondere debeat. Cui interpres dixit: Vocavit te dominum regem, et vocabulo salutationis honoravit. Quod autem respondere debes, est: „Drinc heil". Respondens deinde Vortegirnus: „Drinc heil!" jussit puellam potare: cepitque de manu ipsius scyphum, et eam osculatus est, et potavit.

Obwohl dieser Bericht in seinen Hauptzügen mit dem, was andere Quellen über diesen ansprechendsten Zug angelsächsich-höfischen Lebens berichten, durchaus übereinstimmt, ist die Folgerung Wrights, die er hieraus zieht: „among the Saxons the ceremony was accompanied with a kiss", und zwar versteht er darunter jedes Zutrinken,[1]) doch reichlich kühn.

In den Lebensvorschriften der gnomischen Verse aus der Cottonhandschrift ist die Art, wie dieses Kredenzen des Bechers durch die Frau vor sich gehen soll, sehr deutlich ausgesprochen (Gr.-W. Bd. I, S. 346)

---

[1]) a. a. O. S. 33.

88 — — — — — meodorædenne
for gesiðmægen symle æghwær
eodor æþelinga ærest gegretan
forman fulle to frean hond
ricene geræcan, — — —

Eine sehr ausführliche Schilderung alles dessen, was die höfischen Sitten von der hochgeborenen Frau fordern, findet sich im Beowulf. Als das Gelage bereits im vollen Gange ist, tritt die Königin Wealhþeow herein, cynna gemyndig, des Schicklichen, der Etikette eingedenk und reicht Hroðgar den ersten Becher (a. a. O. S. 171, 612 ff):

Eode Wealhþeow forð,
cwen Hroðgares cynna gemyndig,
grette goldhroden guman on healle
and þa freolic wif ful gesealde
ærest East-Dena eþelwearde,
bæd hine bliðne æt þære beorþege,
leodum leofne.

Oder in einer Fassung, die inhaltlich mit dem von Gottfried von Monmouth berichteten Trinkspruch übereinstimmt (a. a. O. S. 192, 1168—70):

Spræc ða ides Scyldinga:
Onfoh þissum fulle, freodrihten min,
sinces brytta þu on sælum wes, — —

Und nachdem sie ihn aufgefordert, selbst beim Biergelage fröhlich und gegen seine Leute lieb, hier wohl freigebig, zu sein (v. 617—18) — vielleicht ist auch dies eine feststehende Formel — nimmt er den ihm dargereichten Becher entgegen (618—19):

He on lust geþeah
symbel and seleful, sigerof kyning.

Dass sie ihm auch Speise zuträgt, ist nicht recht wahrscheinlich, und man wird in symbel wohl nur einen durch die Alliteration erzwungenen Notbehelf zu erblicken haben. Sie steigt dann vom Hochsitze in den Saal herab und begrüsst ihres Gatten Gefolgsleute, der dugnð und geogoð das Getränk kredenzend (a. a. O. S. 223, v. 1980 ff):

>   Meoduscencum hwearf
>   geond þæt healreced Hæreðes dohtor,
>   lufode ða leode, liðwæge bær
>   hælum to handa.

und Geschenke verteilend (a. a. O. S. 171, v. 620—22):

>   Ymbeode þa ides Helminga
>   duguþe and geogoþe dæl æghwylcne,
>   sincfato sealde,

oder (a. a. O. S. 225, v. 2016—19):

>   Hwilum mæru cwen,
>   friðusibb folca flet eall geond hwearf,
>   bædde byre geonge; oft hio beah-wriðan
>   secge sealde, ær hio to setle geong.

Sich immer an die durch die augenblickliche Verteilung der Zechenden gegebene zufällige Reihenfolge haltend, sie richtet sich also nicht streng nach der Rangordnung, gelangt sie endlich zum Gaste und reicht auch ihm den Metbecher dar (a. a. O. S. 171, 622—28):

>   oþ þæt sæl alamp,
>   þæt hio Beowulfe, beaghroden cwen,
>   mode geþungen medoful ætbær:
>   grette Geata leod, gode þancode
>   wisfæst wordum, þæs ðe hire se willa gelamp,
>   þæt heo on ænigne eorl gelyfde
>   fyrena frofre.

ihn im weiteren Verlaufe ebenfalls beschenkend (a. a. O. S. 194, v. 1216—18):

>   Bruc ðisses beages, Beowulf leofa,
>   hyse mid hæle and þisses hrægles neot,
>   þeodgestreona, and geþeoh tela, — —

Zuweilen belohnt auch die Fürstin den Sänger (Widsið, a. a. O. S. 5, v. 97—98):

>   and me þa Ealhhild oþerne forgeaf,
>   dryhtcwen duguþe, dohtor Eadwines.

Und nachdem sie sich nochmals an die Gesamtheit gewandt (Beow. a. a. O. 194, v. 1231):

>   drunene dryhtguman, doð swa ic bidde!

kehrt sie wieder zum Hochsitze zurück (Beow. a. a. O. S. 172, v. 640—1):

>   eode goldhroden,
>   freolicu folccwen to hire frean sittan.

Manchmal vertritt auch die Tochter die Mutter in Ausübung der höfischen Pflichten (Beow. a. a. O. S. 225):

> 2020 Hwilum for duguðe dohtor Hroðgares
> eorlum on ende ealuwæge bær,
> þa ic Freaware fletsittende
> nemnan hyrde, þær hio nægled sinc
> hæleðum sealde.

Allzulange wird diese Teilnahme der Frauen an den Festlichkeiten wohl nicht gedauert haben, und zwar aus guten Gründen. Wann sie sich indessen dem immer lauter werdenden Treiben entzogen, ist nirgendwo überliefert. Im Laufe der späteren Entwicklung verschieben sich diese Verhältnisse nun so, dass das Umhergehen und Becherkredenzen der Königin bei grossen Festen durchaus in Wegfall kommt, wenigstens ist es in keiner späteren Quelle mehr überliefert und würde auch mit der Aenderung der königlichen Stellung und der Ausbildung einer weit formelleren Etikette, wie sie uns weiter unten beschäftigen wird, nicht im Einklang stehen. Dagegen bleibt sie im privaten Kreise, wo sie ja parallel zum öffentlichen Gelage immer vorhanden gewesen war: Beda berichtet beispielsweise, wie die Frau des Ealdormans Puch diesen und seinen Gast bedient (Hist. Eccles. S. 295 f), auch für die Herrscherfamilien bestehen, die Ermordung Eadweards durch seine Stiefmutter Aelfthrythe, am 18. März 978, erfolgt in der Weise, dass die Verräterin dem durstig von der Jagd Heimkehrenden einen Becher Wein kredenzt und ihm, während er das Gefäss mit beiden Händen festhält, durch den gedungenen Mörder den Dolch ins Herz stossen lässt (Will. Malm. Gesta Reg. S. 259):

Tunc illa, muliebria blanditia adventantem alliciens, sibi fecit intendere, et post libata porrectum poculum avide haurientem per satellitem sica transfodit. — — —

Ganz andere Verhältnisse in Bezug auf die Stellung der Königin bei offiziellen Gelegenheiten, also auch bei Gelagen, herrschten übrigens in Westsachsen, allerdings erst vom neunten Jahrhundert an nachweisbar. Hier sass die Fürstin nicht neben dem Gemahle, ja nicht einmal der Titel Königin stand ihr zu. Wilhelm von Malmesbury berichtet über Aethelwulf von Westsachsen (Gesta Reg. S. 169): Ita, quamvis omnis controversia pro alienigena uxore fuerit, magna illam dignatione habitam throno etiam, contra morem West-Saxonum, juxta se locabat; non enim West-Saxones reginam vel juxta regem sedere, vel reginae appellatione insigniri, patiuntur, propter malitiam Edburgae filiae Offae regis Merciorum. Und noch zu Aelfrics Zeiten trug die Königin keine Krone (Be Hester, a. a. O. S. 93, v. 37f):

— — — swa swa heora seodu wæs
þæt seo cwen werode cynehelm on heafode,

setzt er, die Verhältnisse bei den Persern erläuternd, hinzu. — —

Nicht nur von der Fürstin wird verlangt, dass sie „cynna gemyndig" sei, sondern auch beim Manne dieser Kreise fordert die Etikette, dass er weiss, wie er sich auf dem höfischen flet der Methalle zu bewegen hat. Das Gefühl für das Ceremoniell ist in frühester Zeit bereits recht lebhaft ausgebildet. So in den „Gaben der Menschen" (Gr.-W. Bd. III 1, S. 142, v. 68—9):

Sum bið þegn gehweorf
on meoduhealle,

wo diese Beherrschung der Trinksittenformen unter den von Gott verliehenen Gaben aufgeführt ist. Und dass nur der angeführte Sinn gemeint sein kann, geht aus der unmittelbaren Umgebung der Stelle hervor:

67 Sum bið arfæst and ælmesgeorn,
þeawum geþyde,

und

69 Sum bið meares gleaw,
wiccræfte wis.

Dieser ganze Abschnitt des Gedichtes umfasst eben die Vorzüge, mit denen ein Adeliger ausgestattet sein soll. Der Etikette gemäss nehmen die Einzelnen ihre Krüge aus der Hand des Schenken entgegen (Beow. S. 186, v. 1014—15):

fægere geþægon
medoful manig magas þara — —

Man wird hier wohl an einen kurzen Spruch denken müssen, „Wes hal — Drinc hal" oder etwas Aehnliches wäre wohl das Natürlichste. Ebenso werden sie geantwortet haben, wenn ihnen die Fürstin Becher und Geschenk darbot. Beowulf erwidert Wealhþeow mit einigen passenden Worten (S. 171, v. 628—30):

> He þæt ful geþeah,
> wælreow wiga æt Wealhþeon,
> and þa gyddode guþe gefysed;

und es folgt seine Ansprache an die Königin, die bedeutend weniger im Bramarbastone gehalten ist als seine sonstigen Aeusserungen. Auch der Fürst fragt in einer der Etikette gemässen Weise (Beow. S. 223, v. 1983—85):

> Higelac ongan,
> sinne geseldan in sele þam hean
> fægre fricgean — — — —

und der Gast wird so empfangen, wie es die Etikette vorschreibt (Genesis, Gr.-W. Bd. II, S. 424):

> 2429   Aras þa metodes þeow
> gastum togeanes, gretan eode
> cuman cuðlice, cynna gemunde
> riht and gerisno and þam rincum bead
> nihtfeormunge.

Was aber den eigentlichen Inhalt der für die Männer massgebenden Formen ausmachte, ist nicht recht ersichtlich. Wir haben zwar ein negatives Zeugnis (Gen. a. a. O. S. 390, v. 1564—67):

> and him selfa sceaf
> reaf of lice, swa gerysne ne wæs,
> læg þa limnacod: he lyt ongeat,
> þæt him on his inne swa earme gelamp,

sind aber doch für die ältere Zeit im Grossen und Ganzen auf Vermutungen, wie die oben geäusserten, beschränkt. Den Dichtern der Epen, aus denen die auf die Etikette bezüglichen Stellen citiert worden, waren ihre einzelnen Aeusserungen etwas derartig Vertrautes, dass ein Schildern dieser ihnen gar nicht in den Sinn kam, um so weniger als ihr Leserkreis jene Formen ebenso beherrschte und die Darstellung von etwas für ihn Alltäglichem gar nicht erwartete. So wird immer nur die jeweilige Anwendung der Etikette selbst, nicht aber ihre einzelnen Gestaltungen gestreift, um zu zeigen, dass es in den geschilderten Kreisen ebenso korrekt zuging wie in denen der alltäglichen Umgebung. Uns über einzelne Formen der Männeretikette und ihre spätere Entwicklung genauer zu informieren, müssen andere Quellen herangezogen werden. — — —

Schon unter Aethelberht von Kent (601—4) findet sich eine Bestimmung, dass wer in Gegenwart des Königs etwas Schlechtes tut, dies doppelt so hoch wie unter gewöhnlichen Umständen büssen soll. Gif cyning æt mannes ham drincæþ, and ðær man lyswæs hwæt gedo, twibote gebete. (Liebermann, a. a. O. S. 3,3) Später tritt diese Betonung der königlichen Würde noch schärfer hervor, mit der Zunahme seiner persönlichen Macht wird der Fürst auch mehr aus der Schar der Trinkenden herausgehoben. Bald rechnet es sich der hohe Adel zur Ehre an, ihm das Getränk darreichen zu dürfen (vgl. S. 32), und so lockert sich der Zusammenhang zwischen König und Tafelgenossen, dass es nicht mehr gestattet ist, ihn während des Mahles nach irgend etwas zu fragen. Eduard der Bekenner sitzt am Ostertage an der königlichen Tafel zu Westminster, die Krone auf dem Haupte, von seinen Edeln umgeben. Diese essen gierig, sich für die langen Fasten zu entschädigen, er aber, der vorher „über irgend etwas Göttliches nachgedacht hat" und nun ruhig dasitzt, bricht plötzlich in ein lautes Gelächter aus. Doch wagt niemand, ihn nach der Ursache seiner Heiterkeit zu fragen, und erst als er sich nach der Tafel zum Umkleiden zurückgezogen, folgen ihm drei der Degen, ihre Neugier zu befriedigen (Will. Malm. Gesta Reg. S. 377).

Analog zu den Verhältnissen in den übrigen germanischen Staaten entwickelte sich auch bei den Angelsachsen später die Sitte, dass wen der König besonders auszeichnen wollte oder wer zu seinen vertrauten Ratgebern gehörte, an demselben Tische wie er speisen durfte (Aelfric, De Hester, a. a. O. S. 93). Auch hier ist die Zusammenstellung von Original und Paraphrase wieder sehr lehrreich:

Qui videbant faciem 50 þa andwyrdon sona sume his ealdormen regis, et primi post eum residere of Medan and of Persan, þe him mid druncon soliti erant (Lib. Esther I, 14).

Zweifellos ist „þe him mid druncon" im angegebenen Sinne: ständige Genossen seines eigenen Tisches und nicht auf das gegenwärtige Gelage bezogen aufzufassen. Es geht dies aus der ganzen Art der Uebertragung hervor, zudem wird die Sitte auch noch anderweitig bezeugt (Will. Malm. Gesta Reg. S. 211): Eodem anno, dum secunda Paschalis festivitatis celebrarentur feria, Wintoniae, Godwino comiti, more solito regi ad mensam assidenti, suprema evenit calamitas.

Andererseits war auch der **König selbst fest an die Etikette gebunden**. Bekanntlich hatte Eadwi (955—59) eine nahe Verwandte, Aeðelgifu, geheiratet, die vom Autor B., Osbern und Eadmer mit sehr scharfen Ausdrücken belegt wird. Gleich nach der Krönung verlässt der König das Festmahl seiner Grossen und eilt in das Frauengemach zu der ihm neu Angetrauten. Die Thane sind erbittert über die Schmach, die er ihnen durch das Verlassen des Gelages angetan, sie senden Dunstan und Kinsey, Bischof von Litchfield, zum Könige, die ihn mit seinem Weibe tändelnd finden. „Jnvenerunt regiam coronam, quae miro metallo auri vel argenti gemmarumque vario nitore conserta splendebat, procul a capite ad terram usque neglegenter avulsam" — sagt der entrüstete Autor B. Dunstan aber ergreift den König beim Arm und zieht ihn mit sich, zum Festmahl zurück, wofür ihm Aeðelgives glühendster Hass zu Teil wird (Memorials of Saint Dunstan, S. 18).

Noch einige Reste altgermanischen Lebens wären hier zu behandeln und auf ihre weitere Entwicklung zu untersuchen. Bei der im Beowulf so häufigen **Verteilung von Geschenken** haben wir zwischen zwei bereits von Tacitus berichteten Sitten zu unterscheiden: dem Gastgeschenk und der Leistung des Fürsten, die er als Gefolgsherr zu geben verpflichtet ist. Beide werden bald von der Fürstin, bald vom Fürsten selbst ausgeteilt. An Beowulf gibt Hroðgar gesattelte Rosse, Helm und Brünne, Schwerter und Halsschmuck (v. 1020 ff) und beschenkt auch seine Mannen (Beow. S. 187, 1050—55):

> þa gyt æghwylcum eorla drihten,
> þara þe mid Beowulfe brimlade teah,
> on þære medubence maþðum gesealde,

>   yrfelafe and þonne ʒenne heht
>   golde forgyldan, þone ðe Grendel ær
>   mane acwealde.

In der alltäglichen Wirklichkeit werden diese Geschenke wohl etwas magerer ausgefallen sein. Und mit Fuhse aus solchen Stellen auf „bedeutenden Aufwand an Geschenken" zu schliessen, könnte verfehlt erscheinen, wenn man bedenkt, dass der Hyperbolismus derartiger Dichtungen sich stets um mehrere Grade über dem Niveau der Alltäglichkeit befindet.

Für die Befestigung und Betätigung des Gefolgschaftsverhältnisses ist die Methalle von wesentlicher Bedeutung. Bei dem neben aller Aufopferung und Treue ungemein entwickelten praktischen, auf das Reale gerichteten Sinn der germanischen Stämme spielen die Geschenke, die der Fürst seinen Getreuen austeilt, eine sehr wesentliche Rolle, mit nüchternen Augen angesehen stellen sie einfach eine Bezahlung für geleistete oder noch zu leistende Dienste dar. Die eben citierten Verse 1053—55 sind für den materiellen Zug in diesem Teile des Adelslebens ganz charakteristisch, und ebenso erklärt es sich, wenn im Beowulf so häufig von der Verpflichtung des Herrschers, seinen Getreuen ihren klingenden Lohn nicht vorzuenthalten, die Rede ist, häufiger als es unbedingt erforderlich wäre. Gleich im Anfang lautet eine der in den Text eingestreuten adhortativen Stellen, aus denen Earle schloss, dass das ganze Gedicht eine Art Fürstenspiegel darstelle (Beow. S. 150, v. 20—21):

>   Swa sceal geong guma gode gewyrcean,
>   fromum feohgiftum on fæder wine,

und Aehnliches findet sich massenhaft. Für die leiblichen Bedürfnisse seines Gefolges sorgt der Herrscher ebenfalls, er speist und tränkt die Mannen in der Methalle, die ihnen auch als Schlafstätte dient, versieht sie mit Kleidung und Kriegsausrüstung. In der Hofhaltung der spätesten Zeit, ganz am Ende der angelsächsischen Periode, sind diese Verhältnisse noch erhalten; über die Art, in der Hardacnut sein Gefolge unterhält, wird berichtet (Henr. Hunt. Hist. S. 190): Tantae namque largitatis fertur fuisse, ut prandia regalia quatuor in die vicibus omni curiae suae faceret apponi, malens a vocatis apposita fercula dimitti, quam a non vocatis apponenda fercula reposci; cum nostri temporis consuetudo sit, causa vel avaritiae, vel, ut ipsi dicunt, fastidii, principes semel in die tantum sui escas anteponere.

Daneben liegt hier allerdings dänischer Einfluss vor. Denn diese Reichlichkeit der Mahlzeiten war wohl hauptsächlich für das stets kampfbereite Gefolge der Huskarlar bestimmt, deren unbedingte Zuverlässigkeit und Schlagfertigkeit ja für die dänischen Könige Englands von besonderer Wichtigkeit war.

Die Gastfreiheit angelsächsischer Könige scheint stets mit den sich selbst Einladenden gerechnet zu haben, und der Zutritt zu ihren Tafeln liess sich mit grösster Leichtigkeit erwirken. Leof, den König Edmund einst verbannt, mischt sich einfach unter die Schar der königlichen Gäste und wird von niemand nach Stand und Herkunft gefragt, der König allein erkennt ihn (Will. Malm Gesta Reg. S. 228 f). Auch Ausländer fanden sich zu Zeiten an den angelsächsischen Höfen ein: Wilhelm von Malmesbury beklagt den schlechten Einfluss, den unter Eadgar die häufigen Besuche von Sachsen, Flamländern und Dänen auf die einheimische Bevölkerung ausgeübt hätten (Gesta Reg. S. 236).

Doch hatte diese Liberalität der Könige ihre ernste Schattenseite insofern, als sie eine noch stärkere Belastung der Untertanen darstellte, die ohnehin schon durch die Verpflichtung zum Unterhalt des Herrschers, seines Hofes und selbst seiner umherziehenden Beamten und Angestellten zur Genüge in Anspruch genommen waren. Ueber die Art dieser Naturalleistungen liegen weit mehr negative als positive Zeugnisse vor: fast immer handelt es sich um Klöster, die die Last von sich abzuwälzen verstanden. Im Jahre 749 befreit Aethelbald von Mercien die Klöster und Kirchen seines Reiches von den üblichen Abgaben und Verpflichtungen, u. a. — „et ut munuscula ab ecclesiis in seculare convivium regis vel principum a subditis minime exigantur, nisi amore et voluntate prebentur" (Thorpe, Dipl. S. 34).

Zwischen 791 und 796 gibt Offa von Mercien Land an Worcester: „pro remedio animae meae ac parentum meorum" und befreit es von allen Lasten mit Ausnahme von 2 Tonnen klaren, 1 Comb milden, 1 Comb Welschen Ales etc. (Thorpe, Dipl. S. 397). Und im Jahre 828 garantiert Ecgberht von Kent einer Kirche: ut omnes agros sint libera ab omni regali servitio, a pastu regum et principum, ducum et praefectum, exactorumque, ab equorum et falconum accipitrumque et canum acceptione, et illorum hominum refectione, quod nos festingmenn[1]) nominamus etc. (daselbst, S. 79). — —

Es bleiben uns noch diejenigen Anschauungen zu besprechen übrig, die diesen aristokratisch-höfischen Kreisen speziell eigentümlich waren, soweit sie eben mit den Trinksitten zusammenhängen. **Das Wort des Mannes, selbst in trunkenem Zustande in der Methalle gegeben, verpflichtet**, denn es heisst (Beow. S. 166, 480—86):

> Ful oft gebeotedon beore druncne
> ofer ealowæge oretmecgas,
> þæt hie in beorsele bidan woldon
> Grendles guþe mid gryrum ecga:
> ðonne wæs þeos medoheal on morgentid,
> drihtsele dreorfah, þonne dæg lixte,
> eal bencþelu blode bestymed, etc.

Und es ist schimpflich, auf der Metbank zu prahlen, im Kampfe dagegen zurückzustehen. Wilhelm von Malmesbury rühmt König Eadgars Körperkraft, die sich trotz seiner Kleinheit stets bewährt habe, und fügt hinzu: „Denique in quondam convivio, ubi se plerumque fatuorum dicacitas liberius ostentat, fama est Kinnadium regem Scottorum ludibundum dixisse, mirum videri tam vili homuncioni tot provincias subjici." Dieses wird Eadgar hinterbracht, und er fordert den Spötter an einsamer Stelle zum Zweikampf heraus. Jener sieht sein Unrecht ein und erlangt des Königs Verzeihung, die er mit den Worten gibt: „Turpe est enim regem in convivio esse dicaculum. nec esse in proelio promptulum" (Gesta Reg. S. 251 f). **Als grösste Schande aber**

---

[1]) Fæstingmen, royal officers going on the king's errand. From fæsting, commendatio. Anm. Thorpes, S. 655.

gilt es, wenn der Gefolgsmann, der des Herrn Gastfreiheit und Sold in der Methalle empfangen, ihn im Kampfe verlässt (Beow. S. 263, 2864—74):

> þæt la mæg secgan, se ðe wyle soð specan,
> þæt se mondryhten, se eow ða maðmas geaf,
> eoredgeatwe, þe ge þær on standað,
> þonne he on ealubence oft gesealde
> healsittendum helm and byrnan,
> þeoden his þegnum, swylce he þryðlicost ower
> feor oððe neah findan meahte,
> þæt he genunga guðgewædu
> wraðe forwurpe! þa hyne wig beget,
> nealles folccyning fyrdgesteallum
> gylpan þorfte:

Und so wird der **Untüchtige** und Unzuverlässige hinter den übrigen Mannen in der Methalle zurückgesetzt (Beow. S. 232, 2183—86):

> Hean wæs lange,
> swa hyne Geata bearn godne ne tealdon
> ne hyne on medobence micles wyrðne
> drihten wereda gedon wolde;

Aber alles, was des Recken Herz sonst erfreut, Rosse, die Schätze und Freuden der Methalle, wird für ihn wertlos, solange er von dem Weibe, das er liebt, getrennt ist (Botschaft des Gemahls, Gr.-W. Bd. I., S. 310 f, 42—47):

> Nu se mon hafað
> wean oferwunnen: nis him wilna gad
> ne meara ne maðma ne meododreama,
> ænges ofer eorþan eorlgestreona,
> þeodnes dohtor, gif he þin beneah
> ofer eald gebeot incer twega.

Drittes Kapitel:

Die Trinksitten in ihrem Verhältnis zum kirchlichen Leben und zu den christlichen Anschauungen der Angelsachsen.

Nicht uninteressant ist es, die Trinksitten als eine Aeusserung echt germanischen Lebens in ihren Beziehungen zu einem zunächst ganz fremden Element zu betrachten. Das selbstentsagende, selbstverleugnende Christentum drang ein, das aber in Wahrheit schon längst nicht mehr die ursprüngliche Gestalt hatte, sondern zur römischen Kirche geworden war. Und diese gewaltigste Kulturmacht des Mittelalters war klug genug, sich den bestehenden Verhältnissen anzupassen. Die Synodalbeschlüsse des 5. und 6. Jahrhunderts tragen dem Erbfehler in den der Kirche neu gewonnenen Landesteilen durchaus Rechnung. „Von jeher waren nach altgermanischer Sitte mit den Opfern Trinkgelage verbunden gewesen, mit der gottesdienstlichen Feier die Freuden der Tafel. Die gänzliche Abschaffung dieses Gebrauches hätte leicht von einer Religion abwendig machen können, welche jene in Wahrheit volkstümlichen, mit den Neigungen der Germanen so innig zusammenhängenden Freuden und Genüsse verbot. Gregor wies deshalb seine Missionäre an, den Sachsen an gewissen Festtagen dergleichen Lustbarkeiten zu gestatten.[1]) So heisst es denn im Briefe jenes Papstes an den Abt Mellitus (Bedae Hist. Eccles. S. 74): „Et quia boves solent in sacrificio daemonum multos occidere, debet eis etiam hac de re aliqua sollemnitas immutari: ut die dedicationis vel natalicii sanctorum martyrum, quorum illic reliquiae ponuntur, tabernacula sibi circa easdem ecclesias, quae ex fanis commutatae sunt, de ramis arborum faciant, et religiosis conviviis sollemnitatem celebrent; nec diabolo iam animalia immolent, sed ad laudem dei in esu suo animalia occidant et donatori omnium de satietate sua gratias referant: ut dum eis aliqua exterius gaudia reservantur, ad interiora gaudia consentire facilius valeant." Unter diesen

---

[1]) Wasserschleben, a. a. O. S. 31.

Umständen dürfen wir uns nicht wundern, wenn die **Feier von Sonn- und Festtagen** sehr bald ein spezifisch angelsächsisches Gepräge trägt, das von dem des Urchristentumes einigermassen abweicht, und von dem wir uns an der Hand der erlassenen Ver- und Gebote ein recht anschauliches Bild machen können. Die Institutiones Ecclesiasticae haben eine Vorschrift, dass Priester, die am Sonntage vor dem Hochamte Messe lesen wollen, dies privatim tun, damit kein Laie schon vor der Hauptmesse seiner sonntäglichen Pflicht nachkomme, denn: — — — sona æfter þære mæssan from ærne mergenne ofer ealne dæg on druncennysse and on wiste hiora wombe þeowiað nas Gode (Thorpe, Anc. Laws II, S. 440 f). Auch unmittelbar wird der Laie zur Sonntagsheiligung ermahnt (daselbst, S. 422): — — — and hine wið ofer-æt and druncennysse beorge. Und Aelfric schickt einer Aschermittwochspredigt voraus, dass man sich stets vor der Trunkenheit hüten solle, auch am Sonntag, der doch sonst ein Tag der Freude sei (Lives of Saints, S. 261). Die Grundzüge des Gregorschen Briefes lassen sich auch sonst bis in die späteste Zeit hinein verfolgen: der junge Dunstan wohnt, als die neue Kirche zu Winchester eingeweiht wird, dem bei dieser Gelegenheit stattfindenden Festmahle bei (Memorials, S. 147). Auch der königliche Hof pflegte an den grossen Tagen des Kirchenjahres Festmahle abzuhalten, bei denen der König die Krone auf dem Haupte trug. Eduard der Bekenner präsidiert am Ostertage der königlichen Tafel zu Westminster in vollem Ornate (Will. Malm. Gesta Reg. S. 377), und am 26. Mai 946, dem Tage St. Augustins, nimmt König Eadmund zu Pukelechirche an dem alljährlich zu Ehren des Apostels der Angelsachsen stattfindenden Festmahle teil, caeteris in vino spumantibus, wie der Chronist berichtet, und wird hier durch den früher von ihm verbannten Leof erschlagen (daselbst, S. 228 f). Bei solchen Festmahlen zu Ehren eines Heiligen wurde zuweilen sein **Wohl in aller Form** und weltlichen Weise **ausgebracht** (Ermahnung gegen einige Laster, Bibl. d. ags. Prosa III, S. 144 ff):

Eala, hu earm and hu bewependlice is þæra manna lif,
þe ofer þæt riht þe eallum mannum gemetlice gedenud bið,

onginnað, swilce hi nicumene syn and swylce hi ealles ðæges ær nahtes ne onbirigdon and þurh mistlice naman mare drincað, þonne him neodþearf sy; na þæt an ðurh libbendra manna naman, ac eac þurh engla and haligra manna. wenað, þæt hi him micelne wurðscipe mið ðam gegearwian, gif hi hio sylfe mid swiðlicre druncennysse oferlecgað, and nyton, þæt nane men ne doð halgum englum and halegum mannum swa hefigne teonan, swa ða ðe on heora naman hire agene sawle ðurh oferdrinc ofsleað. Und wenn Engel und Heilige sich in dieser Weise den Trinksitten anbequemen mussten, so darf es nicht Wunder nehmen, dass bald die G o t t e s h ä u s e r s e l b s t p r o f a n e n Z w e c k e n z u d i e n e n hatten. Durch zahlreiche Stellen lässt sich das belegen, wovon einige folgen mögen:

And we lærað, þæt preostas cirican healdan mid ealre arwurðnesse to godcundre þenunge, and to clænan þeowdome, and to nanum oðrum þingum, ne hi þær ænig unnit, inne ne on neaweste, ne gepatian, ne idele spræce, ne idele dæde, ne unnit gedrinc, ne æfre ænig idel, ne binnan ciric-tune ænig hund ne cume, ne swin þe ma, þær þe man wealdan mæge (aus den Canones Edgari, bei Thorpe Anc. L. II S. 250). Auch Aelfric eifert heftig gegen die Unsitte, dabei aber in einer Sprache, deren Prägnanz sehr vorteilhaft gegen die ähnlicher Vorschriften absticht (Canones Aelfrici, daselbst, S. 356):

    And seðe wylle drincan, and dwæslice hlydan
      drince him æt ham, na on Drihtnes huse.

Selbst die kirchlichen Gefässe scheinen bisweilen zu weltlichem Gebrauche benutzt worden zu sein, wenn man aus dem darauf bezüglichen Verbot auf das tatsächliche Vorkommen solcher Benutzung zu schliessen berechtigt ist (Institut. Eccles, daselbst S. 412). Und besonders bei nächtlichen Uebungen oder durch irgend welche Umstände veranlassten Kirchenwachen hat man sich des Trinkens nicht enthalten, zumal wenn eine Leiche in der Kirche aufgebahrt lag, bei der Nachtwache zu halten war.

And we lærað, þæt man æt ciricwæccan swiðe gedreoh si, and georne gebidde, and ænig gedrinc, and ænig unnit þær ne dreoge (Can. Edg., a. a. O. S. 250). Und Aelfric äussert sich zu dem Gegenstande wieder in einer jener Anwandlungen trockenen Humors, wie sie sich manchmal bei ihm finden:

> ac ðam wære betere þæt hi on heora bedde lagon
> ðonne hi gegremedon god on þam gastlican huse
>
> (Lives of Saints, S. 279).

Wir können es uns recht gut vorstellen, dass die zu einer in der Kirche aufgebahrten Leiche bestellten Wächter zum Bierkruge griffen, um durch tiefen Zug und muntere Unterhaltung das Grauen abzuwehren, unter einem solchen Himmel, wenn der Herbstwind an den Fenstern des nicht allzu fest gebauten Kirchleins rüttelte, ächzte und stöhnte, und die Nebel aus Wäldern und Wiesen aufstiegen. Dazu in einem Lande, das alles andere als frei von Aberglauben und Gespensterfurcht war. Zuweilen aber schlug die Stimmung ins Gegenteil um, und die Kirche hallte wieder von Gelächter und übermütigen Spottreden der bei dem Toten Wachenden. So erfahren wir von einem Manne, der sich bei einer nächtlichen Leichenwache in trunkenem Zustande das Vergnügen macht zu behaupten, dass er der heilige Swiðun wäre (Lives of Saints, S. 279):

> Ge magon to soðum witan þæt ic swyðun eom
> se ða wundre wyrcð; and ic wille þæt ge beran
> eower leoht to me, and licgað on cneowum
> and ic forgife þæt þæt ge gyrnende beoð.

Die **Fastengebote** wurden recht äusserlich eingehalten. Gewöhnlich hat man am Tage die Vorschrift genau befolgt, um sich abends, sowie es erlaubt war, den gewohnten Tafelfreuden hinzugeben, sehr oft auch wohl in verdoppeltem Masse. In Wulfstans „Sermo de Quadragesima" finden wir (a. a. O. S. 103): and beorge huru manna gehwylc wið oferdruncen him georne forðam Crist hit forbead sylf on his godspelle; and witodlice, þeah hwa on dæg gefæste ful lange, gyf he syððan hine sylfne gedwelað mid gedrince and mid oferfylle ealles to swyðe, eal him bið þæt fæsten idel geworden. Die auf Seite 52 f aus der „Ermahnung gegen einige Laster" angeführte Stelle ist ebenso für die Einhaltung der Fastenverordnungen recht bezeichnend. Und selbst die **Gelübde** frommer Frauen vermag der Wein zu brechen: Elfildis hat gelobt, dass sie nie mehr Fleisch essen würde, wenn sie die Küste unversehrt erreiche, als sie bei ihrer Rückkehr nach England von einem

Sturme bedroht wird. Aber als sie „post aliquod annos, lantiore convivio in hilaritatem profusa, convivas ad letitiam hortabatur", bricht sie ihr Gelübde und wird durch einen Schlagfluss bestraft, von dessen Folgen sie erst drei Jahre später ein Wunder am Grabe St. Aldhelms heilt (Will. Malm. Gesta Pontificum, S. 414).

So sah die Laiengemeinde aus, für deren Seelenheil zu sorgen war, die allsonntäglich durch die **Predigt** unterwiesen und gebessert werden sollte. Nach dem Vorausgegangenen wird es ganz natürlich erscheinen, wenn diese Unterweisungen und Ermahnungen von den landesüblichen Gebräuchen sehr stark beeinflusst erscheinen, sei es, um ihnen entgegenzutreten, sei es, um Bilder und Vergleiche aus ihnen zu entnehmen, die der Veranschaulichung dienen sollen.

In einer Menge von Erzeugnissen der homiletischen Literatur finden sich Stellen, die scharf **gegen das nationale Laster Front machen**. Die Einleitung zu den „Institutiones Ecclesiasticae" enthält eine in kräftigen Farben gehaltene Predigt, die als stilistische Leistung wohl anzuerkennen ist. Der Verfall aller menschlichen Herrlichkeit wird vorgeführt — hwær sint þa cyningas þe geo wæron, and þa welegan þisse weorolde? Die Schilderung der Vision eines Heiligen folgt: Teufel stehen vor der Seele eines Abgeschiedenen und halten ihm seine Sünden vor. Drastisch wird die Angst des Verstorbenen geschildert — se lichoma þa ongan þa swiðe swætan, and mislic hiw bredan. Der Teufel aber sagt: Stingað hyne mid sare on his muð, forþon eal swa hwæt swa hyne lyste etan oððe drincan oððe sprecan, eall he hit aræfnde. Eine glänzende Schilderung der Himmelsfreuden folgt, doch nur für den in Trank und Speise Mässigen erreichbar, der erwähnte Sünder aber wird unbarmherzig den Krallen und Kinnbacken des feurigen Höllendrachen überwiesen und prasselt bald in den heissesten Flammen (a. a. O. S. 396 f). In einer anderen Predigt heisst es unter Hinweis auf die grosse Abrechnung am Ende aller Tage in wirkungsvoll einfacher Sprache (Blickl. Hom. S. 56): Hwær beoþ þonne þa symbelnessa? Und wie in einer dritten der Homilet bei einer Schilderung der reichen Männer und ihrer Freuden heimische Vorbilder benutzt (vgl. S. 11f), wie ferner Wulfstan gegen das übermässige Trinken eifert (daselbst) und wie endlich die schon mehrfach erwähnte „Ermahnung gegen einige Laster" auch die rein praktische Seite in Gestalt eines Hinweises auf die materiellen Schädigungen, die durch die Trunksucht entstehen, hervorkehrt (vgl. S. 13), ist an anderer Stelle bereits behandelt worden. Aelfric weist besonders auf die für den Körper nachteiligen Folgen hin, die sich an übermässiges Trinken heften. Im Sendschreiben an Wulfget zu Ylmandum[1]) finden wir (Bibl. d. agls. Prosa, Bd. III, S. 6):

> þu lufast druncennysse and dwollice leofast,
> swylce þe togamenes, ac godes wisdom segð:
> Hwam becymð wawa, hwam witodlice sacu,
> oððe hwa byð bepæht, oððe hwam becumað wunda
> oððe eagena blindnyss: butan þa undeawfæstum
> ðe wodlic drincað and heora gewitt amyrrað,
> swa þæt hi dwæsiað for heora druncennyssum etc.

Ueberhaupt verweilt Aelfric an einer grossen Anzahl von Stellen seiner verschiedenen Werke bei diesem einen seiner beiden Lieblingsthemen: Uebermass im Trinken und Unkeuschheit. Einige wenige mögen noch folgen: His tungan he (i. e. der reiche Prasser in der Lazarusparabel) mænde swiðost, forðan ðe hit is gewunelic þæt ða welegan on heora gebeorscipe begað derigendlice gafetunge; þa wæs seo tunge, ðurh rihtwisnysse edlean, teartlicor gewitnod for his gegafspræce (Hom. Cath. Bd. I, S. 330). Und unter dem XXI. Sonntage nach Pfingsten schreibt er: On ðam yttrum þeostrum bið wop and toða gebit. — — — and þa teð, þe nu on ofer-æte blissiað, sceolon þær cearcian on þam unaseogendlicum pinungum (daselbst Bd. II, S. 530). Aehnlich Wulfstan (a. a. O. S. 245): ðonne granjað and wanjað þa, þe her blissedon and fægnedon. þonne bið heom heora meodu-drenc win and beor eall to ecum þurste awend.

---

[1]) Ilmingdon auf der Grenze zwischen Warwickshire und Gloucestershire.

Besonders um die Adventszeit herum häufen sich die Warnungen vor Uebermass in Trank und Speise, so dass wir noch um die Wende des Jahrtausends die alte germanisch-heidnisch hohe Zeit des Jahres wiederzuerkennen vermögen. Die äussere Form hatte gewechselt, der Inhalt war derselbe geblieben, wie einst zu Ehren der alten Götter, so wurde jetzt in majorem Dei gloriam und den Erlöser zu feiern getrunken, den Objekten, der Festlichkeiten hatte die Kirche andere substituiert, die Festlichkeiten selbst abzuschaffen war sie nicht im Stande gewesen. Klingt das nicht aus Aelfrics „Sermo in Aepiphania Domini" heraus, wenn er von den Tugenden des Täufers sagt (a. a. O. Bd. II, S. 38): ne dranc he naðor ne win, ne beor, ne ealu, ne nan ðæra wætan ðe menn of druncniað? Et vinum et siceram non bibet, heisst es in der Vorlage, Lucas I, 15. An anderer Stelle sagt er: ne dranc he wines drenc, ne nanes gemencgedes wætan, ne gebrowenes (a. a. O. I, S. 352), und die Blickling Homilien haben (a. a. O S. 165): ne drincþ he win ne ealu. Diese Kontrastierung der Vorzüge des Johannes mit den Neigungen der Zuhörer scheint sehr beliebt gewesen zu sein. — —

Selbst zur Bildung einer Art theologischen Prinzips hatte die Trinksitte Veranlassung gegeben. Wer der Trunksucht fröut, soll ewige Strafe erleiden, und zwar nicht nur für sich selbst, sondern auch für alle die, die er zu dem Laster verleitet (Erm. gegen einige L., a a. O. S. 146, 63—65). Und Aelfric beendet die bereits auf Seite 15 zum Teil angeführte Ermahnung an Sigeferð, dessen Gastfreundschaft er genossen, mit den Worten: ac wite þu, leof man, þæt se þe oðerne neadað ofer his mihte to drinceune, þæt se mot aberan heora begra gilt, gif him ænig hearm of þam drence becymð. — —

Aber auch in anderer Weise als durch solche Theorien, Predigt und Ermahnung nahm die Kirche zu den in Bezug auf das Trinken herrschenden Sitten und Anschauungen Stellung. Zahlreiche Verbote und Straffestsetzungen suchen dem Uebermass zu steuern, und die vom Orient und Italien übernommenen Bussordnungen erweitern das Kapitel De Ebrietate ganz erheblich in den angelsächsischen Fassungen. War doch der Vorliebe für den tiefen Zug aus vollem Becher nicht nur bei den Laien, sondern ebenso sehr bei den Dienern der Kirche selbst Einhalt zu tun, deren Beziehungen zur Trinksitte weiter unten noch ausführlicher zu behandeln sein werden.

Erbrechen gilt für ein Zeichen von Unmässigkeit (Theodorus, Canones Gregorii, Wasserschl. S. 174): Si presbyter aut diaconus per ebrietatem vomitum facit, XL dies peniteat; si monachus, XXX dies peniteat. Si laicus fidelis per ebrietatem vomitum facit, XV dies peniteat.

Doch wird auf Schwächezustände Rücksicht genommen (Beda, Wasserschl. S. 226):

Si causa egritudinis, non nocet.

Und um die Grenze, bei der die Strafbarkeit beginnt, festzulegen, wird der Zustand des Rausches geschildert (Pseudo-Beda, Wasserschl. S. 268): Qui vero inebriatur contra praeceptum domini, si votum sanctitatis habet, hoc est ebriositas quando statum mentis mutat et lingua balbutit et oculi turbantur, dissentio ac dolor sequitur dem ist „mit diätetischer Folgerichtigkeit" für eine Weile Fleisch und Wein zu entziehen, dem Stande entsprechend kürzer oder länger. Wie diese, will auch eine andere Vorschrift den Sünder da, wo er gefehlt, treffen (Poenitentiale Theodori, Wasserschl. S. 184): Qui vero inebriatur contra Domini interdictum, si votum sanctitatis habuerit, VII dies in pane et aqua, LXX sine pinguedine poeniteat, laici sine cervisia. Notorische Trunksucht wird weit schärfer belegt: Si quis cupidus vel avarus vel ebriosus vel superbus — — — — III annos peniteat (Egbert, Wasserschl. S. 234). Und wie für Wetttrinken und Trinkzwang zu büssen ist, ist schon auf Seite 12 behandelt worden. Eine Beichtformel enthält als Sünde Uebermass im Essen und Trinken, das dadurch hervorgerufen wird, dass es ausserhalb der Zeit geschieht: Je andette gifernesse ætes and drences, ge ær-tide, ge ofer-tide (Thorpe, Anc. L. II, S. 262). Auch solche Vergehen, die mit dem Trinken nichts zu tun haben, werden bisweilen durch Getränkentziehung geahndet (Theod. Capit. Dacher. S. 148):

Digamus poeniteat I annum, IV et VI feria et in III XL-mis abstineat se a vino et a carnibus, non separantur tamen.

Wer aber eine der Hauptsünden begangen hat und nicht Busse tun will, dem „is to forbeodenne æghwylc gemane mid cristennum mannum, ge in cyrcean, ge butan, ge æt, ge drinc" (Inst. Eccles, a. a. O. S. 422).

Dass bei der starken und weitgehenden Beeinflussung der äusseren Formen des Christentums durch die nationalen Gewohnheiten auch das, was den eigentlichen Inhalt dieser Formen ausmachte, eine spezifisch angelsächsiche Gestaltung erhalten musste, ist klar. Die Beiträge zum Verständnis des inneren Volkslebens fliessen hier besonders reichlich, um so mehr ist es zu bedauern, dass sich die eingangs zitierten englischen Gelehrten diese Gelegenheit, ihr Material psychologisch zu vertiefen, haben entgehen lassen. Die Beeinflussung der christlichen Anschauungen durch die Trinksitte gehört mit zu den interessantesten Abschnitten auf dem Gebiete frühenglischer Kulturgeschichte, weil sie eben Gelegenheit gibt, das geistige Leben des Volkes von einem neuen Gesichtspunkte aus zu behandeln.

Schon Grimm hat in seiner Vorrede zu „Andreas und Elene" darauf hingewiesen, eine wie merkwürdige Aehnlichkeit zwischen dem Leben und Treiben der Methalle, dem „jubilum anlae" und den Himmelsschilderungen der sich auf christlicher Vorlage aufbauenden Erzeugnissen der älteren Epik besteht, und der Vermutung Ausdruck gegeben, dass diese Aehnlichkeit vielleicht durch das Mittelglied der altgermanischen Walhallvorstellung zu Stande gekommen sein könne. Die früher bereits erwähnten Leipziger Abhandlungen haben diesen Faden wieder aufgenommen, an der Hand sehr eingehender Untersuchungen nachgewiesen, dass dies tatsächlich der Fall ist, und uns gleichzeitig mit wertvollem Material über die Ideenverbindung: Methalle, Walhall und Himmel versehen.

Selbst die Darstellung der Gottheit wird durch diese Anschauungen beeinflusst. Wie der angelsächsische Fürst auf seinem Hochsitze in der Methalle, Wodan aber in Walhall, so thront Gott in der Himmelsburg: „Gabenstuhl der Geister" heisst sein Sitz in Cynewulfs Christ (Gr.-W. III 1, S. 20):

> 571 Wile nu gesecan sawla nergend
> gæsta giefstol, godes agen bearn,
> æfter guðplegan.

Ueber Christus ist im angeführten Sinne gar nichts vorhanden, und in der späteren Literatur wird er immer in Gegensatz zu den Trinkneigungen gesetzt. Es gibt dies Aelfric eine Gelegenheit, der Trunkfreudigkeit seiner Zeitgenossen einen erneuten Seitenhieb zu versetzen, bei dem auch sein Humor wieder stark hervortritt (Hom. Cath. I, S. 168): þam deofle wæs micel twynung, Hwæt Crist wære? His lif næs na gelogod swa swa oðra manna lif. Crist ne æt mid gyfernysse, ne he dranc mid oferflowendnysse — — — etc.

Dagegen sind, wie schon erwähnt, die Vorstellungen vom christlichen Himmel auch in der späteren Zeit noch stark durch die Trinkanschauungen beeinflusst. Für die Zeit der älteren Epik finden sich im „Andreas" einige markante Beispiele (Gr.-W. Bd. II, S. 30, 640—41):

> gastas hweorfon,
> sohton siðfrome swegles dreamas, — — —

So sehen wir dream, das ja ursprünglich den geräuschvollen Jubel der Männer in der Methalle darstellt, sich über das Zwischenglied der Uebertragung dieses Jubels auf die Walhallideen und deren Vorbildlichkeit für das christliche Leben nach dem Tode allmählich zur Bedeutung: Himmelsseligkeit entwickeln. Ob die Verfasser dieser Bibelparaphrasen ein, wenn auch noch so schwaches und verblasstes Bild der ursprünglichen Bedeutung vor Augen hatten, muss dahin gestellt bleiben — möglich wäre es. Noch zwei ähnliche Stellen finden sich im Andreas (S. 33):

> 719   Cheruphim et Seraphim
> þa on swegeldreamum syndon nemned;

und (S. 37)

> 807 Hie ða ricene het rices hyrde
> to eadwelan oþre siðe
> secan mid sybbe swegles dreamas
> and þær to widan feore willum neotan.

Diese letzteren Verse sprechen für eine ziemlich realistische Auffassung der Himmelswonnen. Aber merkwürdig ist, dass sich eine solche noch für eine verhältnismässig späte Zeit nachweisen lässt („Ermahnung zu christlichem Leben", Bibl. d. agls. Prosa III, S. 142, 106—7): Hwi nis se wyrðe, þæt he onfo þinra metelafe, þe mid þe is to cumenne to engla gebeorscipe?

So wird denn im Gegensatze dazu die **Hölle** als ein Ort dargestellt, wo alle diese Freuden fehlen. (Gen. S. 320)

> 39 heht þæt witehus wræcna bidan
> deop, dreama leas drihten ure
> gasta weardas.

Oder (Christ, Gr.-W. Bd. III 1, S. 49)

> 1520 Faraðnu awyrgde willum biscyrede
> engla dreames on ece fir,

und (Christ, S. 52)

> 1628 þæt is dreamleas hus, etc.

Noch klarer wird diese Auffassung der Schrecken des Infernums durch eine Stelle der „Juliana" beleuchtet. Hier hat der Dichter ohne jedes Zwischenglied die Qualen der Hölle mit der Methalle, **wie er sie vor Augen hatte**, kontrastiert (Gr.-W. Bd. III 1, S. 137 f).

> 683 Ne þorfton þa þegnas in þam þystran ham
> seo geneatscolu in þam neolan scræfe
> to þam frumgare feohgestealda
> witedra wenan, þæt hy in winsele
> ofer beorsetle beagas þegon,
> æpplede gold!

Hier handelt es sich wohl um eine bewusste Neubildung Cynewulfs, der, mit überkommenem Wortschatz und feststehenden Ideen unzufrieden, ein Uebriges tun zu müssen glaubt, als er seine Hölle ausmalt.

Genau derselbe Gegensatz findet sich in der Schilderung der Bewohner der beiden Stätten, also zwischen **Engeln** und **Teufeln** ausgeprägt. Von jenen wird gesagt (Gen. S. 319):

> 12 Hæfdon gleam and dream
> and heora ordfruman engla þreatas,
> beorhte blisse: wæs heora blæd micel.

Nach der Empörung Lucifers beraubt Gott die Aufrührer (Gen. S. 321):

> 55   sigore and gewealde,
> dome and dugeðe, and dreame benam
> his feond.

Der Teufel und seine Anhänger (Gen. S. 321):

> 73   Ne þorfton
> blude hlihhan,

wie die Engel sonst bei ihren Festen taten. Aber der belohnten Treugebliebenen (Gen. S. 322):

> 80   þrymmas weoxon
> duguða mid drihtne dreamhæbbendra.

Erinnert dies nicht sehr deutlich an die Gefolgsleute, deren Ansehen in der Methalle ihren Taten entsprechend zunimmt? Und wie jeder Verlässliche sollte auch Lucifer, ehe er seinen Verrat beging (Gen. S. 331):

> 257 dyran sceolde he his dreamas on heofonum — — —

Aller dieser Freuden, die die Engel — nicht sehr verschieden von den Menschen drunten im Metsaale — geniessen, ist der Teufel beraubt. Er wird von seinem Sitze im hohen Himmelssaale herabgeworfen, der höchste Himmelswalter (Gen. S. 333):

> 300   wearp hine of þam hean stole.

Er klagt (Gen. S. 337):

> 365 þæt Adam sceal, þe wæs of eorþan geworht,
> minne stronglican stol behealdan,
> wesan him on wynne, — — —

Vorher aber hatte Satan darnach gestrebt, sich einen höheren Ehrenplatz als den bisher innegehabten in der Himmelsburg zu verschaffen (Gen. S. 332):

> 272   þohte þurh his anes cræft,
> hu he him strenglicran stol geworhte,
> heahran on heofonum;

Und er rühmt seine Macht (Gen. S. 332):

> 280   ic hæbbe geweald micel
> to gyrwanne godlecran stol,
> hearran on heofne.

Als er aber Adam versucht, spricht er von seinem Verhältnis zum Herrn (Gen. S. 345):

498   Ne þæt nu fyrn ne wæs,
                     þæt ic wið hine sylfne siet:

eine Wendung, die unmittelbar auf den Hochsitz der Methalle hinweist. Wieder ist es der Dichter der „Juliana", der diese Züge, die wohl so ziemlich geistiges Allgemeingut waren, durch seine individuelle Auffassung und Behandlung erweitert und nun ein sehr nordisches Phantom schafft. Er stellt den Teufel als den Urheber der beim Gelage ausbrechenden Streitigkeiten dar (Jul. S. 131 f):

483   Sume ic larum geteah,
       to geflite fremede, þæt hy læringa
       ealdæfþoncan edniwedan
       beore druncne: ic him byrlade
       wroht of wege, þæt hi in winsele
       þurh sweordgripe sawle forletan
       of flæschoman fæge scyndan
       sarum gesohte.

Das energischere Vorgehen der Kirche gegen das Trinken spricht sich sehr deutlich in der ja vorwiegend von Geistlichen verfassten und geistlichen Zwecken dienenden **jüngeren Epik** aus. Hier werden der gute und der böse Mensch durch die verschiedene Stellung, die sie zu den Trinksitten einnehmen, gekennzeichnet. Der **gute Mensch** — godes agen bearn (Gem. d. Mensch. S. 144, 6) — ist leicht daran zu erkennen, dass er sich vom Weine nicht beherrschen lässt (vgl. Citat aus d. Gem. d. Menschen, S. 38). St. Guthlacs Verdienst besteht darin (Guðl., Gr.-W. Bd. III 1, S. 59)

134   þæt he his lichoman
       wynna forwyrnde and woruldblissa,
       seftra setla and symbeldaga — — — —,

eine in der älteren Epik ganz vereinzelt stehende Auffassung. Der **böse Mensch** aber (Gemüt S. 145):

40   siteþ symbelwlonc, searwum læteð
       wine gewæged word ut faran,
       þræfte þringan þrymme gebyrmed,
       æfestum onæled oferhygda ful,
       niþum nearowrencum.

Im Bestreben, den Leib abzutöten — und das hatte bei den Angelsachsen zunächst einmal in Bezug auf das Trinken zu geschehen — kamen merkwürdige Sachen vor. Wie weit fromme Geschmacklosigkeit sich versteigen konnte, ersehen wir, wenn Edelburga, Gemahlin Ines von Westsachsen, am Tage nach einer üppigen Hofhaltung alle Trinkgefässe, Schüsseln und Möbel, die sie und ihr Gemahl benutzt, mit Kot anfüllen oder beschmieren lässt und den ahnungslosen König dann plötzlich vor dieses anmutige Bild stellt, ihm, der in ihren Augen zu weltlich ist, die Vergänglichkeit alles Irdischen recht lebhaft und eindringlich vor Augen zu führen (Will. Malm. Gesta Reg. S. 49). Im jüngsten Gericht wird der allzu eifrige Trinker der Schar zur Linken zugewiesen (Gr.-W. Bd. III 1, S. 173)

> 73 He þæt þonne onfindeð, þonne se fær cymeþ
> geond middangeard monegum gecyþeð,
> þæt he bið on þæt wynstre weorud wyrs gescaden,
> þonne he on þa swiþran hond swican mote
> leahtra alysed. Lyt þæt geþenceð,
> se þe him wines glæd wilna bruceð.
> siteð him symbelgal, siþ ne bemurneð,
> hu him æfter þisse worulde weorðan mote.

Kehren wir wieder zur älteren Epik zurück, so bleibt uns noch der **himmlische Lohn**, der dem Tugendhaften zu Teil wird, zu besprechen übrig. So ist Gott (Andr. S. 68, 1417):

> sawla symbelgifa

„Accustomed to portray the giver of one of those feasts, which the Teutonic forefathers knew how to appreciate, it had sunk in meaning from the well-loaded board to the mere abstract nation of nourishment".[1]) Auch hier ist zweifellos Wodan das Mittelglied, über das hin der Bedeutungswandel sich vollzogen hat. Und ob nicht schliesslich doch ein Teil der Hörer bei diesem Worte eine sehr reale Vorstellung hatte, bleibt zum mindesten unwiderlegbar. Ebenso wenn die ewige Seligkeit als „dream unhwilen" (El S. 194, 1231) bezeichnet wird. Einige andere Ausdrücke sind noch (Guðlac, S. 78):

> 811 and þær siþþan a in sindreamum
> to widan feore wunian mostun — — —

---

[1]) Kent, a. a. O S. 12.

oder die Menschen dürfen (Fata Apost. Gr.-W. Bd. II, S. 90):
> 81 sigelean secan and þone soðan gefean,
> dream æfter deaðe, — — —

Und Christus führt seine Getreuen (Christ, S. 20):
> 580 in dreama dream. — —

Eine der merkwürdigsten Erscheinungen auf dem Gebiete der christlichen Anschauungen bleibt noch zu erörtern übrig: die **Uebertragung der Trinksitte auf die Erklärung des alten Testamentes**. Von anderweitigen Anpassungen ist ja schon die Rede gewesen (vgl. S. 16 f), und wenn das gelobte Land in der Exodusparaphrase (Gr.-W. Bd. II, S. 474) die Darstellung findet:
> 562 gesittað sigerice be sæm tweonum
> beorselas beorna — — —,

so ist das leicht zu verstehen. Und ebenso, wenn im „Daniel" der Uebermut der Juden dadurch illustriert wird, dass sie bei häufigen Weingelagen verwegen werden (Gr.-W. Bd. II, S. 477):
> 17 oð þæt hie wlenco anwod æt winþege
> deofol dædum, druncne geðohtas — — —

oder wenn die Sodomiter ihre Schandtaten nicht ohne Ale und Wein vollbringen können (Gen. S. 423):
> 2406 Ic on þisse byrig bearhtm gehyre,
> synnigra cyrm swiðe hludne,
> ealogalra gylp, yfele spræce

und (Gen. S. 429):
> 2579 Hie þæs wlenco onwod and wingedrync,
> þæt hie firendæda to frece wurdon, etc.

Es stimmt dies alles sehr gut mit den auf Seite 25 näher erörterten Anschauungen zusammen. Schwieriger wird die Sache, wenn es sich darum handelt, eine Erklärung dafür zu finden, warum Abimelech (Gen. S. 432, 2634), „wine druncen" oder (2641) „symbelwerig" ist, als ihm der Herr im Schlafe erscheint. In der Vulgata findet sich davon ebenso wenig etwas wie bei Nebukadnezars Traum (Dan. S. 481):
> 116 þa onwoc wulfheort, se ær wingal swæf
> Babilone weard.

Darüber steht im Buche Daniel kein Wort. Und zwei Situationen, bei denen die Trunkenheit in der Vorlage zwar erwähnt, aber doch nur eben gestreift wird, werden hier möglichst ausführlich behandelt — der alte Gegensatz zwischen orientalischem und germanischem Denken, der sich wirklich wie ein roter Faden durch all diese Paraphrasierungen immer wieder hindurchzieht (Gen. S. 390)

> 1562 þa þæt geeode, þæt se eadega wer
> on his wicum wearð wine druncen,
> swæf symbelwerig and him selfa sceaf
> reaf of lice, swa gerysne ne wæs,
> læg þa limnacod: he lyt ongeat,
> þæt him on his inne swa earme gelamp,
> þa him on hreðre heafodswima
> on þæs halgan hofe heortan clypte.

Und aus Gen. Cap. XXII, 33: At ille non sensit, nec quando accubuit filia, nec quando surrexit, und 35: et ne tunc quidem sensit quando concubuerit, vel quando illa surrexerit, macht der angelsächsische Bearbeiter (Gen. S. 430 f):

> 2598 Hie dydon swa druncnum
> eode seo yldre to ær on reste
> heora bega fæder. Ne wiste blondenfeax
> hwonne him fæmnan to — — — — —
> — — — — bryde him bu wæron,
> on ferhðeofan fæste genearwod
> mode and gemynde, þæt he mægða sið
> wine druncen gewitan ne meahte.

Ferrell, bei dem übrigens nicht recht ersichtlich ist, warum er die zuletzt zitierte Stelle vollständig ignoriert, ist der Meinung: „— — — as if the poets held them up as warning examples to their own countrymen".[1]) Doch dürfte sich diese Ansicht kaum halten lassen. Denn der älteren Epik ist jegliche Tendenz, gegen den Trunk zu eifern, absolut fremd, sie beschränkt sich darauf, Stolz und übermütige Gesinnung durch zu vieles Weintrinken zu illustrieren. Im Gegenteil, sie steht ganz auf dem Boden höfischer Anschauung, nach der häufiges und kräftiges Trinken unbedingt zum Bilde des normalen Mannes gehört. Das tritt klar genug hervor. Dafür sprechen die oben angeführten Stellen, dafür spricht,

---

[1]) a. a. O. S. 42.

wenn „— — — their religious poets attribute it to the characters of their poems or dwell upon it in a way which their sources do not warrant".[1]) Gerade über diesen kleinen Relativsatz lässt sich sehr streiten. Diese alten Dichter hatten ihre liebe Not, die für germanische Anschauung oft recht fragwürdigen moralischen Qualitäten der Erzväter und Patriarchen dem Verständnis ihrer Zuhörer näher zu bringen. Das haben wir schon bei der Sarah-Jsmael Szene gesehen, und derselbe Genesisdichter will auch den Vorgang zwischen Loth und seinen Töchtern möglichst erklärlich darstellen, um das Ungeheuerliche durch die sinnlose Trunkenheit einigermassen begreiflich zu machen. Das wäre eine Seite der Sache. Die andere aber ist die, dass die Dichter die biblischen Helden ihrem Leserkreise einfach menschlich näher bringen wollen. Daher die Trunkenheit Abimelechs, Nebukadnezars und Noahs, die seiner Heiligkeit (v. 1569) durchaus keinen Eintrag tut. Die Etikettewidrigkeit des Kleiderabstreifens liegt dem Verfasser jedenfalls mehr am Herzen als die Trunkenheit selbst. So werden die biblischen Vorbilder dem Volke, bei dem der Becher schon zum Rechtsbegriff geworden ist (vgl. S. 22), um vieles näher gerückt. Mässigkeitstheorien lassen sich da allerdings nicht mehr aufstellen, und mit der Einführung moralischer Werturteile, wie Ferrell eins anbringt, ist auch nicht viel geholfen. Dem Gesamteindruck schadet es jedenfalls nicht, wenn das Gemälde ein paar kräftig dunkle Schattenpartien enthält. —

In ganz anderer Weise hat das neue Testament seinen Einfluss ausgeübt, dessen verschiedene Getränkwunder auf grosses Verständnis stiessen und für die Gestaltung angelsächsischer Wundererzählungen entschieden vorbildlich gewesen zu sein scheinen.

Als der heilige Cuthbert ein Nonnenkloster unfern der Mündung des Tyne besucht, wird er von der Aebtissin Verca „magnifice" empfangen. „Postquam de meridiana quiete surrexerunt, sitire se dicens, ut biberet rogavit. Quaerebant quod bibere vellet, rogantes ut vinum, sive cervisiam, afferri liceret. „Aquam", inquit, „date mihi"; qui haustam de fonte aquam obtulerunt ei. At ille, data benedictione, ubi paullulum gustavit,

---

[1]) a. a. O. S. 42.

dedit adstanti presbytero suo, qui reddidit ministro; et minister, accepto poculo, „Licet", inquit, „mihi bibere de potu, de quo bibit episcopus?" — Respondit, „Etiam, quare non licet". Erat autem et ille presbyter ejusdem monasterii. Bibit ergo, et visa est ei aquae quasi in saporem vini conversa; tantique sibi testem volens adhibere fratrem, qui proxime adstabat, porrexit ei poculum; qui cum et ipse biberet, ejus quoque palato pro aqua vinum sapiebat. Aspectabant autem mirantes ad invicem, et ubi vacuum tempus ad loquendum receperunt, confitebantur alterutrum, quia viderentur sibi nunquam melius bibisse (Beda, Vita St. Cuthberti; Op. Omn. IV, S. 316 f). Und ebenso tritt der Einfluss des kanaschen Wunders in einer der Mirakelerzählungen aus dem Leben St. Dunstans hervor: Bei einem Besuche König Aeðelstans und seines Hofes bei Aeðelflede, der Matrone, bei der Dunstan lebt, finden die königlichen Mundschenken das Fass mit Met, so oft sie es geleert zu haben vermeinen, stets neu gefüllt vor, denn Aeðelflede, besorgt, ihr Vorrat möchte nicht reichen, hat vorher zur Jungfrau Maria gebetet, die einst zu Kana dem Ausgehen des Weines gesteuert (Memorials, S. 17 f). — Gerade diese Erzählung ist sehr bezeichnend für die Sinnesrichtung des Volkes und die ungemein praktische Art, in der es sein Christentum auffasste. — —

Ist bei der erstaufgeführten Erzählung schon der Umstand merkwürdig, dass der Mönch aus dem Gefolge St. Cuthberts es für vorteilhaft hält, **aus demselben Becher wie der Bischof zu trinken**, so treten ähnliche Tendenzen in anderen Berichten noch augenfälliger hervor. (Lives of S., S. 263):

```
65  Us sæde eac oft aþelwold se halga bisceop
    þe nu wyrcð wundra ðurh god.
    þæt he cuðe anne mann mid ælfcge bisccope.
    se wolde drincan on lenctene þonne hyne lyste.
    þa sume dæg bæd he þone bisceop ælfeh.
    blœtsian his ful. he nolde. and se dysiga dranc
    butan bletsunge and eode him ut.
    Man slætte þa æne fearr feringa þær-nte.
    and se fearr arn him togeanes. and hine ðyde, þæt hehis feorh forlet.
    and gebohte swa ðone untiman drenc.
```

Mehr als die Vergeltung für den Bruch der Fasten interessiert uns die Tatsache, dass der Mann aus Ælfhegs Gefolge es in der Gewohnheit hatte, **sich seinen Trank vom Bischof segnen zu lassen.**

Es erscheint nicht ausgeschlossen, dass bei der Schilderung der Wunder, die Beda den Bischof Johannes von Hagulstad verrichten lässt, ein gewisser Einfluss der Trinkanschauungen vorliegt. Als der Heilige den Arm der Nonne Coenburg heilt, zeigt sie ihre wiedererwachende Lebenslust dadurch an, dass sie fragt: „Vis petamus bibere?" — „Volo, et multum delector, si potes." Dann trinken beide aus einem Becher (Hist. Eccles. S. 294 f). Vielleicht wurde die Frage nach einem Trunke allgemein als ein Zeichen wiedererwachender Lebenslust Schwerkranker gedeutet: auch der Knecht des Grafen Addi ist totkrank, sein Sarg steht bereits neben ihm, als Bischof Johannes hereintritt, über ihm betet und dann das Zimmer wieder verlässt. Kurz darauf ein erstes Zeichen zurückkehrender Kräfte — der Knecht verlangt einen Becher Wein, den ihm der hocherfreute Graf, **nach einer Segnung durch den Bischof,** auch sofort zukommen lässt (Hist. Eccl. S. 296). —

Eine **Segnungsformel** für heilsame Tränke und Salben ist uns erhalten geblieben (Cock. Leechd. III., S. 80):

Benedictio Potus sive Unguenti:

In nomine patris et filii et spiritus sancti et per uirtutem dominice passionis et resurrectionis a mortuis ut sanctificentur tuo uerbo sancto et benedicantur omnes fideles cum gustu huius unguenti aduersus omnes nequitias in mundorum spirituum et contra nalitudines et infirmitates que corpus affligunt. An dieser Stelle muss auch der Verbindung zwischen Trinksitte und Aberglauben gedacht werden. Leider ist von alten heidnischen Resten nur sehr wenig erhalten, und selbst dieses Wenige ist noch stark christlich beeinflusst überliefert. Die Bestandteile des ehemaligen Kultus: Trankopfer, Beschwörungsformeln, Zauber- und Liebestränke haben sich unwiederbringlich verflüchtigt, und nur vereinzelt gelingt es, aus dem christlichen Gewande den alten Kern herauszuschälen. Eine wunderliche Mischung von Heidnischem und Christlichem enthält (Cock. Leechd. II, S. 351 f): Gif mon biþ on wæter ælfadle þonne beoþ him þa hand næglas wonne and þa eagan tearige and wile locian niþer. Do him þis to læcedome — — folgen eine Reihe von Pflanzennamen — — — ofgeot mid ealaþ, do halig wæter to, sing þis gealdor ofer þriwa:

> Jc binne awrat
> betest beado wræda
> s'va benne
> ne burnon ne burston
> ne fundian ne feologan
> ne hoppetan ne wund wacco sian
> ne dolh diopsian.
> Ac himself healde
> hale wæge
> ne ace þe þon ma
> þe corþan on eare ace.

Ebenso soll man singen und zwar vielmals:

> eorþe þe on bere eallum hire mihtum and mægenum.

Stärker tritt das christliche Element in der Vorschrift wider die Heimsuchungen eines Zwerges hervor (a. a. O. III, S. 39 f): Man soll drei Kreuze und τ. ω und α auf die Arme malen und Schöllkraut in Ale trinken. Oder auch St. Machutes und St. Victricius und † ꞏ † p † ꞏ † N † ω † ꞏ † m † ω † ō A auf den Arm schreiben und dasselbe Getränk nehmen. Dagegen ist bei der Vorschrift: Gif ealo awerd sie, genim þa elehtran, lege on þa feower-sceattas þæs ærnes and ofer þa duru and under þone þperxwold and under þæt ealofæt, do mid halig wætre þa wyrt on þæt eala, das Weihwasser anscheinend kein ursprünglich integrierender Teil des Ganzen (Cock. Leechd. II, S. 143).

Spezifisch christliche Formen des Aberglaubens sind in grösserer Menge vorhanden. Irrsinnige und Besessene sollen Mischungen verschiedener Pflanzen mit Ale und Weihwasser, worüber Psalmen und Messen gesungen worden sind, aus Kirchenglocken trinken (a. a. O. II, S. 137 f). Gegen Satanas selbst aber verordnet man (a. a. O. II, S. 353): Wið deofle liþe drenc and ungemynde do on ealu — (Pflanzennamen) — gesing XII mæssan ofer þam drence and drince, him biþ sona wel. Drenc wið deofles costunga — (Pflanzennamen) — gehalga þas wyrta, do on ealu halig wæter, and sie se drenc þær inne þær se sooca man inne sie, and symle ær þon þe he drince sing þriwa ofer þam drence: Deus in nomine tuo salvum me fac.

Bezeichnend für die Anschauungen des Volkes auf diesem Gebiete ist auch ein Passus des Briefes, den Bonifacius im Jahre 745 an Ethelbald von Kent schreibt, der Nonnen missbraucht und Kirchengerechtsame verletzt hatte: Nam Ceolredum praedecessorem venerandae Celsitudinis tuae, ut testati sunt, qui praesentes fuerant, apud comites suos splendide epulantem malignus spiritus, qui eum ad fiduciam damnandae legis Dei suadendo pellexit, peccantem subito in insaniam mentis convertit, ut sine poenitentia et confessione furibundus, et amens, cum diabolo sermocinans, et Dei sacerdotes abominans de hac luce sine dubio ad tormenta inferna migravit — eine ganz geschickte Auslegung eines Falles von Delirium Tremens durch den Klerus.

Nach dem Vorausgegangenen scheint ein Abfärben der Lieblingsgewohnheiten des Laientums auf eben diesen Klerus nur natürlich. Sehr bald nachdem die Kirche auf dem bereits früher beherrschten Boden wieder festen Fuss gefasst hatte, waren die meisten ihrer Vertreter eben Angelsachsen, und das bis in die höchsten Stellungen hinauf. Und mit dem Volke, dem sie entstammten, standen sie in genügend enger Verbindung, um den Geschmack an dessen Hauptfreuden nicht zu verlieren. Die gesamten Schriftsteller, deren Werke als historische Quellen in Betracht kommen, klagen ausnahmslos über den frühen Verfall der Kirchenzucht. Das zieht sich durch fünf Jahrhunderte hindurch, und so ist es kein Wunder, wenn unter den geistlichen Lastern das spezifisch germanische eine grosse Rolle spielt.

In dem Eide, den die neugewählten Erzbischöfe von Canterbury abzulegen haben, müssen sie u. a. auch Nüchternheit geloben (Wharton, Anglia Sacra, Bd. I, S. 78). Jeder Bischof, Diakon oder sonst Geweihte soll von seinem Amte zurücktreten oder desselben entsetzt werden, wenn er dem

Laster der Trunksucht huldigt (Theod. Can. Gregorii, a. a. O. S. 165). Oder: Gif priost — — — — to þon druncen sie, þæt he ne mæge, sio he stille his þegnunge oþ biscopes dom (König Wihtræd von Kent [695—6], Lieberm. S. 12,6). Wie man sich über derartige Vorschriften aber in praxi hinwegsetzte, dafür geben die Schriftsteller, die nicht für die Theorie schreiben, Belege genug. — — — — de quibusdam episcopis fama vulgatum est, quod ipsi ita Christo serviant, ut nullos secum alicujus religionis aut continentiae viros habeant; sed potius illos qui risui, jocis fabulis, commessationibus et ebrietatibus, ceterisque vitae remissioris illecebris subigantur, et qui magis quotidie ventrem dapibus, quam mentem sacrificiis coelestibus pascant, klagt schon Beda in dem bekannten Briefe an Egbert (Op. Omn. Bd. I, S. 108 ff). Und in einem Briefe des Bonifatius aus dem Jahre 748 heisst es: Fertur quoque in parochiis vestris ebrietatis malum nimis adsuetum esse, ut non solum episcopi quidam non prohibeant, sed etiam ipsi nimis bibentes inebrientur et alios porrectis poculis majoribus cogant ut inebrientur. In der Chronik des Klosters zu Ramsey ist von einem Bischof die Rede, der, um von einem Dänen ein Stück Land unter günstigen Bedingungen zu erhalten, diesen vollständig betrunken machte und so seinen Zweck erreichte (Chron. abbat. Rames. bei Gale, S. 441). In Bedas Erzählung über Bischof Aidan († 651) tritt sein Bestreben, dem zeitgenössischen Klerus Musterbeispiele vorzuhalten, besonders stark hervor und drückt sich in folgenden Sätzen aus (Hist. Eccles. S. 148 f): Cujus doctrinam id maxime commendabat omnibus, quod non aliter quam vivebat cum suis ipse docebat. — — — In tantum autem vita illius a nostri temporis segnitia distabat — — — ut ad regis convivium vocaretur, intrabat cum uno clerico, aut duobus; et ubi paululum reficiebatur, acceleravit ocius ad legendum cum suis, sive ad orandum egredi. Gerade was diese Teilnahme der hohen geistlichen Würdenträger an den königlichen Festen anbetrifft, so verschoben sich die Verhältnisse darin ganz ungemein. Denn der Bericht über die Teilnahme St. Dunstans an der Hochzeit König Eadwis (vgl. S. 46) zeigt sehr deutlich, dass er sich nicht so sehr als Bischof und Diener der Kirche denn als

Grosser des Reiches fühlt, der ebenso wie die weltlichen Grafen über diese Missachtung, die ihnen der König durch das Verlassen des Gelages angetan, entrüstet ist. Und ganz neuzeitlich mutet es uns an, wenn die Mutter König Eadreds Dunstan zum Mahle einladet, um bei dieser Gelegenheit wegen der Uebernahme des Bischofssitzes von Winchester mit ihm zu verhandeln. Er aber, den Erzstuhl von Canterbury vor Augen, schlägt die angebotene Würde aus, „inquiens se non esse hujus pastoralis curae prospectum nec adhuc tali tantaque dignitate idoneum", schreibt Autor B. mit vollster Ueberzeugung (Memor., S. 30). Als Eadgar im Jahre 988 die alten Gerechtsame von Taunton erneuerte, beschenkte Bischof Aeðelwold in Anerkennung dessen den königlichen Haushalt u. a. mit fünf silbernen Trinkbechern von je fünf Pfund Gewicht (Thorpe, Dipl. S. 236). Und wie die weltlichen Grossen, so hatte auch ein angelsächsischer Bischof seinen **Mundschenken**: im Jahre 1037 bedenkt Bischof Aelfric von Elmhalm seinen „fatfylre" Aegelric mit einem Legate, als er sein Testament aufsetzt (daselbst, S. 568). **Selbst in mehr kirchlichen Fragen** erscheinen die Bischöfe jenseits des Kanals von dieser einen ihrer Lieblingsgewohnheiten nicht ganz unbeeinflusst. Als im Jahre 736 Bonifacius von Deutschland aus in Betreff der Restitution von Inhabern geistlicher Würden in früher innegehabte Stellungen, aus denen sie wegen irgendwelcher Vergehen vertrieben, einen Brief an Erzbischof Egbert richtet, fügt er am Schlusse hinzu: Praeterea Celsitudini Vestrae, vice osculi, duas vini cupellas per hunc portitorem litterarum transmisimus, petentes ut charitates inter nos precibus nostris inde laetum diem cum fratribus vestris faciatis (a. a. O., S. 88) — vielleicht will er auf diese Weise das Kapitel seinem Ansuchen geneigter machen. —

Eine grosse Anzahl von Ermahnungen, Aufweisungen von Musterbeispielen und Anspielungen der lateinisch schreibenden Chronisten berechtigen vollauf zu der Annahme, dass die Vorliebe für den Trunk auch beim **niederen Weltklerus** etwas durchaus Uebliches war. Von keiner der Vergnügungen des Volkes, die mit dem Trunke zusammenhingen, schloss man sich in diesen Kreisen aus. Sie waren eifrige Besucher der **Wein- und Bierhäuser**, und wenn dann in fröhlicher Runde die Laute umging, taten auch die Träger des geistlichen Gewandes ihr Bestes, die Gesellschaft zu unterhalten: Gif preost oferdruncen lufige oððe gliman oððe ealascop wurðe, gebete þæt (Nordh. Priestergesetz, Lieberm. S. 382¹), und in den „Canones Edgari" findet sich eine Stelle, dass der Priester nicht beim Biere singe oder spiele, weder allein noch vor anderen (Thorpe, Anc. L. II, S. 256). Merkwürdig ist, dass Aelfric in den Canones den Priestern den Besuch der Weinhäuser ganz und gar verbietet: ne he ne drince æt win-tunnum, swa swa worold-menn doð (daselbst II, S. 354), im Pastoralbrief dagegen nur vor zu häufigem Besuche warnt: ne drincan æt win-husum ealles to gelome, ne to druncengeorn wurðan (a. a. O. S. 386) — vielleicht hatte sich in der Zwischenzeit die schärfere Form der Vorschrift als nicht durchführbar erwiesen. Uebrigens hatte auch Dunstan in dieser Richtung schon Schritte getan (Will. Malm. Gesta Reg. S. 237 f): In tantum et in frivolis pacis sequax, ut quia compatriotae in tabernis convenientes, jamque temulenti pro modo bibendi contenderent, ipse clavos argenteos vel aureos jusserit vasis affigi, ut dum metam suam quisque cognosceret, non plus, subservientes verecundia, vel ipse appeteret, vel alium appetere cogeret. Doch blieb der beabsichtigte Erfolg aus, sogar das Gegenteil wurde erreicht, denn man bildete es sehr rasch zur Kunstfertigkeit aus. in einem Zuge bis genau zum nächsten Stäbchen der gemeinsamen Kanne zu trinken. Als unter normannischer Herrschaft wieder schärfere Kirchenzucht Platz griff, verordnete das Londoner Konzil vom Jahre 1102 u. a.: „nec ad pinnas bibant¹)", aber noch heute legt „to drink to the pin" als der dem deutschen „die Nagelprobe machen" entsprechende Ausdruck von der Trunkfreudigkeit angelsächsischer Kleriker Zeugnis ab. An Spott über die Kirche und was mit ihr zusammenhing fehlte es bei ihren Zusammenkünften auch nicht: der Priester Ceowulf von Folkstone, der durch Dunstans Gebeine vom Schlagfluss geheilt worden ist, veranstaltet zur Feier dieser Heilung ein grosses Gelage. Cumque in magno gaudio convivarentur — — — —. Non ita est, quoniam, etsi Dun-

---

¹) Anm. d. Herausgebers

stanus non fuisset, ita mihi contigisset (Miracula St. Dunstani, Auct. Osberno, Memor. S. 132 f). Andere Geistliche wieder überschritten die Mässigkeitsvorschriften und berauschten sich, um ihre Verachtung des Gebotes zu zeigen: Si sacerdotes se inebriant — — — per contemptum, XL dies poeniteant (Thorpe, Anc. L. II, S. 31, § 10) — — — Wie in weltlichen Kreisen, so wurde auch in geistlichen direkt zum Trinken gezwungen.

An den Festen der Laien nahm auch der Klerus Teil (Egb. Excerpt. 91, Thorpe, Anc. L. II, S. 110: Presbiterum convivio secundarum nuptiarum interesse non debere, maxime cum petatur secundis nuptiis penitentiam tribuere, und besonders die weltlichen Leichenmahle scheint er oft genug in einer Weise mitgefeiert zu haben, die nicht der Würde des geistlichen Amtes entsprach. Aelfric schärft ihm ein: Ge ne scylan fægnigan forðfarenra manna, ne þæt lic gesecan, buton eow mann laðige þær-to, — — — ne ge sylfe ne eton, ne ne drincon, þær þæt lic inne lið (Can., a. a. O. S. 356 f) oder (Pastoralbrief, a. a. O. S. 386):

Ac sume preostas misdoð þeah ealles to swiðe, fægniað þonne men forðfarað, and unbedene gaderiað hi to ðam lice, swa swa grædige remnas þar þar hi hold geseoð.

Dass ein Mitglied des Standes sich ungebeten zu Gaste lud, kam schon recht früh vor (Wihtræd, Lieberm. S. 12 f): Gif bescoren man steorleas gange him an gestliðnesse, gefe him man ænes; and þæt ne geweorðe butan he leafnesse habbe, þæt hine man læng feormige. — —

Wie es unter solchen Umständen mit der Erfüllung der Amtspflichten aussah, ist leicht zu denken. Schon Sonntags morgens sind einzelne Priester so betrunken gewesen, dass sie beim Hochamt nicht mehr zu singen im Stande waren.

Si quis presbyter, aut diaconus, vel quislibet clericus, tantum bibit ut psallere non potuit, stupens in lingua sua, XII dies in pane et aqua poeniteat, et deleat peccatum suum (Thorpe. Anc. L. Bd. II, S. 31). Dass die Geistlichen ermahnt wurden, bei den Vigilien nicht nur die Laienteilnehmer am Zechen zu verhindern, sondern auch selbst nüchtern zu sein, ist bereits weiter oben erwähnt worden (vgl. S. 53). In den

Canones Aelfrici findet sich eine Stelle, die einen anschaulichen Einblick in die Art und Weise, wie die Seelsorge bisweilen ausgeübt wurde, gestattet (a. a. O. S. 352): Ne nan preost ðurh dysig ne drince ungemetelice, ne nænne mann ne neadige to mycelum drynce, forþan þe he sceall beon gearo, gif cild bið to fulligenne, oððe man to husligenne, þæt he hæbbe his gewitt, and þeah hit swa ne getimige, ne sceal he beon druncen, forþan þe ure Drihten forbead druncennysse to his þenum. Aber nur ein einziges Mal taucht die Vorschrift auf, dass der Priester andere vor der Trunksucht bewahren soll, während sich Hinweise darauf, dass der Hirt der Herde mit schlechtem Beispiele vorangehe, ja zur Genüge finden (Can. Edg. a. a. O. S. 256): And we læraðr, þæt preostas beorgan wið ofer-druncen, and hit georne belean wið oðrum mannum. — —

Jede Gelegenheit, die sich nur eben bot, um ein Festmahl mit Gelage zu veranstalten, wurde benutzt. Und selbst Heilige sind davon nicht ganz frei — als St. Odo durch ein Wunder die irrtümliche Auffassung einiger Kleriker über die Transsubstantiation bekehrt hat, gibt er zur Feier dessen ein grosses Gastmahl (Vita S. Odonis, Angl. Sac. Bd. II, S. 83). Besonders nach den Fasten hat man den Becher freudig kreisen lassen, sich der überstandenen Entbehrung freuend (Theod. Can. Greg. a. a. O. S. 174).

Si presbyter aut diaconus vel monachus pro infirmitate aut longo tempore se abstinuerit, in consuetudinem non erit ei, multum bibere aut manducare, et per gaudium in natali domini aut in pascha aut pro alicujus sanctorum commemoratione faciebat, et tamen plus accipit, quam decretum est a senioribus suis, nihil nocuit; si episcopus juberit, non nocuit illo, nisi ipse similiter faciat. Dass ein Bischof seinen Untergeben direkt befehlen konnte, zu Ehren einer solchen Gelegenheit mehr zu sich zu nehmen als sie vertragen konnten, ist wohl das Stärkste, was der Zuschnitt des Christentums auf germanische Verhältnisse überhaupt hervorgebracht hat. — —

Schon die kontinentale Regula St. Benedicti erlaubte den Ordensmitgliedern ein ziemlich reichlich zubemessenes Quantum an Getränken, das aber den angelsächsischen Mönchen nicht genügt zu haben scheint. Denn ausser dem wohl in allen auf germanischem Gebiete errichteten Niederlassungen üblichen **Abendtrunke**, der auch für England bezeugt ist

A festo vero Sancti Michaelis usque ad festum Purificationis, accendantur omnia ista luminaria praedicta antequam monachi ad regularem potationem refectorium ingrediantur, et sic maneant accensi omni tempore anni usque ad ortum solis (Chron. Croylandense, Rer. Angl. Script. Vet. Ed. Oxon. S. 106), bestand dort die Sitte, dass sich die Brüder auch zu einem **Nachmittagstrunk** zusammenfanden. Ueber Wulfstan von Worcester wird berichtet: Cibi et potus, ut ante dixi, erat abstinens, quamvis in aula ejus, pro more Anglorum, totis post prandium biberetur horis (Will. Malm. Gesta Pont. S. 281).

Dazu kamen die regelmässigen **Festmahle** des Kirchenjahres, die in den Klöstern aus gleich zu besprechenden Gründen noch häufiger waren als bei der Weltgeistlichkeit. Die auf Seite 71 f erwähnte Vorschrift aus Theodorus erstreckt sich gleichmässig auf Kleriker und Mönche. Und auch an positiven Belegen herrscht kein Mangel: Obsecramus, hodie laetum agamus diem, qui natale est Domini nostri Jesu Christi, finden wir schon in Bedas Vita St. Cuthberti die Mönche den Heiligen bestürmen (Op. Omn. Bd. IV, S. 296 f). Abt Elfwerd schreibt an den Erzbischof Sigeric, dass die Klosterfeste nicht in Schwelgerei und Trunkenheit, „sed in sobrietate et congruentia temporibus et personis" stattfinden sollen (Memor. of S. Dunst. S. 403). Was diese Festmahle aber so häufig machte, war die Bestimmung, die die meisten Donatoren mit ihren Stiftungen verbanden, dass nämlich die alljährliche **Wiederkehr ihres Todestages** durch ein Festmahl der Klosterinsassen begangen werden sollte, nachdem diese für das Seelenheil der Dahingegangenen die vorgeschriebenen Messen gelesen, Psalmen gesungen und Gebete gesprochen. Zwischen 901 und 909 überüberlässt König Eadweard an Denewulf von Winchester auf drei Lebenszeiten ein Landgebiet, von dessen Erträgen ein Teil, u. a. 12 Sester Bier, 12 süssen Welschen Ales, 20 Eimer klaren Ales, anstatt an den königlichen Haushalt zu gehen, zu einem Festmahle für die Brüder am Tage des Stifters verwandt werden soll, die seiner dafür in ihren täglichen Uebungen zu gedenken haben (Thorpe Dipl , S. 159). Und Heregyð, die Gemahlin eines kentischen Grafen, vermacht im Jahre 835 dem Christuskirchen-Kloster zu Canterbury, ausser den üblichen Getränken und Lebensmitteln, den Tag ihres Ablebens zu begehen, noch 30 Kerzen, falls dieser in den Winter fallen sollte (Thorpe Dipl., S. 473).

Wohl die meisten Einzelheiten und genauesten Ausführungsbestimmungen in dieser Hinsicht enthält das Testament Oswulfs, eines um 810 verstorbenen kentischen Aldermanns (Thorpe Dipl., S. 459 ff). Zum Festmahl für die Insassen des Christuskirchen klosters zu Canterbury sind alljährlich am Todestage des Stifters zu verwenden:

— — — CXX huaetenra hlafa, ond XXX clenra, ond an hriðer dugunde, ond IV scep, ond tua flicca, ond V goes, ond X hennfuglas, ond X pund caeses. gif hit fuguldæg sie. Gif hit ðonne festendæg sie, selle mon uuege cæsa, ond fisces ond butran ond aegera ðæt mon begeotan mæge, ond XXX ombra godes uuelesces aloð ðet limpeð to XV mittum, ond mittan fulne huniges (wohl zur Metbereitung), oððe tuegen uuines, sue hwaeder mon ðonne begeotan maege.

Doch werden nicht nur die Klosterbrüder, sondern auch die Armen bedacht:

Ond of higna gemenum godum ðaer aet ham mon geselle CXX gesuflra hlafa to aelmessan for hiora saula, suae mon aet hlaforda tidum doeð.

Das Ganze aber schliesst mit der Ermahnung, die vorgeschriebenen Messen und Psalmen richtig einzuhalten:

ðaette ge fore uueorolde sien geblitsade mid ðem weoroldcundum godum ond hiora saula mid ðem godcundum godum.

An sonstigen Gelegenheiten ist noch zu erwähnen, dass, um ein **gutes Verhältnis** zwischen dem alten und dem neuen Kloster zu Winchester herzustellen, die Mönche des neuen Klosters einmal im Jahre, am Tage der Kircheneinweihung, zum alten herübergehen und dort zur Vesper und Messe wie zu nachheriger Bewirtung bleiben sollen (das. S. 323 f). — —

Den Sänger des weltlichen Gelages übernahmen auch die Klöster (Osberni Vita St. Dunstani, Memor. S. 135): Tu musicus in conviviis didicisti posthaec convivantium animos carmine demulcere, et inter cantandum tibiis carmen modificare. Der Tafel präsidiert natürlich der Abt, er wird — an einem besonderen Tische sitzend — zuerst bedient und erhält auch bessere Speisen als die Brüder. Mit einer Glocke gibt er Anfang und Ende der Mahlzeit an (S. Aldhelmi Opera, S. 371):

In campanula, quae aurata in refectorio majori mensae praeeminet, obrizeis figuris hoc impressum vidimus:

„Elysiam coeli nunquam contendat ad aulam
Qui ferat hanc nolam[1] Aldelmi de sede beati".

Die meisten Aebte scheinen Anhänger einer guten Lebensweise gewesen zu sein: post insolitam rectoribus et escae potusque parcitatem, et habitus vilitatem, schreibt Beda über Ceolfried (Chronik v. Weremouth u. Jarrow, Op. Omn. Bd. I, S. 388 f). In einer Pachturkunde des Jahres 852 findet sich ein Vermerk, dass der Abt Ceolred von Peterborough als besondere Einnahme für sich u. a. fünfzehn Metzen hellen, fünf Welschen und fünfzehn Sester süssen Ales erhalten soll (Thorpe Dipl., S. 106). Im Kloster St. Gudlac zu Croyland wird nach dem im Jahre 946 begonnenen Wiederaufbau der durch Feuer zerstörten Gebäude — der Aufbau wurde auf Veranlassung Thurkytels, des Kanzlers Eadreds, durch diesen vorgenommen — ein besonderer Priester eingesetzt, dessen alleiniges Amt es war, für König Ethelbald, den Gründer, für Eadred, den Wiedererbauer, für Thurkytel und alle anderen Wohltäter des Klosters täglich Messe zu lesen, und dessen äusserer Rang wie folgt gekennzeichnet wird (Chron. Croyl. Ed. Franc. S. 880):

Ac ut unus monachus conventualis in refectorio exhiberentur, quotidie post prioris servitium de eadem qualitate tam in prandio, quam in coena victualia sua suscepturus, sive domi fuerit sive foris. — —

---

[1] Ita pariter appellant Scriptores campanulam quae in refectorio ad mensam Abbatis appenditur, qua is, vel lectionis, vel convivii finem significat. — Henschel, Glossarium Mediae et Infimae Latinitatis, Niort 1883, S. 603, sub nola.

Dafür, dass es den Brüdern an nichts mangelte, war reichlich gesorgt. St. Guðlac zu Croyland hatte eine eigene **Brauerei** (Ed. Franc. S. 888). Für die **Refektorien** sammelten sich riesige Vorräte an, zuweilen wurden den Klöstern Landgebiete einzig und allein für ihren Tisch überlassen (Thorpe Dipl. S. 123): Ic Eadwald sello and forgeofu þis lond et Wifelesbeorge Agustines higum into hiora beode etc. Dazu kamen die **Pachteinnahmen** (das. S. 105): — — and he geselle eghwelce gere to Medeshamstede tua tunnan fulle luhtres aloð — — — and ten mittan Wælsces aloð etc. Im Jahre 972 beschenkt Eadgar das Kloster zu Abingdon in Berkshire mit einem Weinberge und den dazu gehörigen Winzern (das. S. 209). Auch zu Malmesbury wurde eine Zeit lang **Weinbau** getrieben (Will. Malm. Gesta Pont., S. 415): Eodem tempore venit ad locum quidam monachus Graecus, nomine Constantinus. — — — Hic primus auctor vineae fuit, quae in colle monasterio ad Aquilonem vicius sita, plures duravit annos. Ellis meint, dass damals jedes grössere Kloster seine Weinberge besessen habe (Introduction to Domesday Book, I. S. 116—122). **Wertvolle Trinkgefässe** wurden in Menge an die Klöster geschenkt, in der Schenkungsurkunde Wichtlafs von Mercien v. J. 833 lesen wir: Offero etiam refectorario dicti Monasterii ad usum praesidentis quotidie in refectorio scyphum meum deauratum, et per totam partem exteriorem barbaris vinitoribus ad dracones pugnantibus caelatum, quem crucibolum meum solitus sum vocare, quia signum crucis per transversum scyphi imprimitur interius, cum quatuor angulis simili impressione protuberantibus; et cornu mensae meae, ut senes monasterii bibant inde in festis sanctorum, et in suis benedictionibus meminerint aliquando animae donatoris Witlafii (Chron. Croyl. Ed. Franc. S. 856 f). Und Eðelgifu gibt an Ramsey (Chron. abb. Rames. a. a. O. S. 406): Duos ciphos argenteos — — — ad serviendum fratribus in refectorio, quatenus, dum in eis potus edentibus fratribus ministratur, memoria mei eorum cordibus arctius inculcetur. Der Schlusssatz des letztgenannten Vermächtnisses ist wiederum sehr bezeichnend für die Denkweise der Zeit und den **Austausch zwischen geistlichen und weltlichen Gütern**, wie er sich allmählich entwickelt hatte.[1]) So gibt auch Bischof Aeðelwold im Jahre 970 zum Lobe Gottes und St. Peters wie zur Erlösung seiner Seele an das Peterborougher Kloster u a.: 6 einfache Trinkhörner, 4 verzierte und 8 silberne Becher (Thorpe Dipl., S. 243 f). Derartige Dokumente sind in Menge vorhanden.

In einzelnen Klöstern häuften sich die Vorräte in solcher Masse an, dass sie von den Brüdern wieder v e r k a u f t wurden: Ceolwin bittet die Mönche von Winchester das Land, das er ihnen für ihr Refektorium zugewiesen, nicht wieder zu veräussern (das. S. 493), und Aeðelstan, ein Sohn Aeðelreds II., erwähnt in seinem Testamente ein Trinkhorn, das er vom alten Kloster zu Winchester gekauft (a. a. O. S. 558). Zuweilen aber trennt man sich auch weniger freiwillig vom angesammelten Reichtum, in Croyland fallen die meisten Schätze der Habsucht König Ceolwulfs zum Opfer, um ausgeprägt oder verkauft zu werden, nur Wichtlafs Crucibolum bleibt mit wenigem anderem dem Kloster erhalten. „Nullus namque; deinceps pro nimia loci paupertate ad conversionem venire voluit", klagt der Chronist (Ed. Franc. S. 870). Und als Worcester von Wilhelm dem Eroberer alte Landgerechtsame wiedererhalten will, hat es viel herzugeben, um sein Ziel zu erreichen, und es folgt eine gar trübselige Aufzählung dessen, was zu Geld gemacht worden ist, u. a. — — — of þam æscene,[2]) þe is oðre namon hrygilebuc gecleopad, X pund — — — of þam hlæfle and of þære crucan and of þam hnæpfe XI marc — — — and of þam III hornan III marc etc. (Thorpe Dipl., S. 439 f). — —

Der K e l l e r m e i s t e r des Klosters bewahrt — ausser seiner Hauptbeschäftigung — die Urkunden über die Dienst- und Leistungsverhältnisse der zum Kloster gehörigen Bauern

---

[1]) Eine andere, für Weltpriester bestimmte Form findet sich in den „Institutiones Ecclesiasticae" (a. a. O. S. 410): Ne sceolon mæsse-preostas æt ceap-ealeðelum ne etan ne drincan — — — ac gif hig hwyle arwyrðe hyredes fæder to his huse geladige, seþe wyle mid his wife and mid bearnum on gastlicum gefean blissian, and æt him onfon þa gereord gastlicre lare, and him syllan for soðne lufan lichamlice gereordo, þonne is hit cyn þæt ge þone mid eadmedum gesecen, and þone mid eowrum gastlicum larum gereordian þe eow mid his woroldlicum godum gereordað.

[2]) æscen: a vessel made of ash-wood, such as a bottle, bucket, pail etc., its other name is called Rigelbuc, back-bucket. — Bosw.-Toller, S. 19.

und Angestellten auf, zahlt den letzteren ihre Gehälter aus (Chron. Croyl. Ed. Oxon. S. 101) und nimmt die Pachtabgaben entgegen (Thorpe Dipl., S. 447). Von einem Verwalter des Refektoriums war auf Seite 80 die Rede, genauere Einzelheiten über diesen Posten liegen nicht vor. Unter den nichtmönchischen Angestellten zu Croyland sind die Obliegenheiten des Barbiers sehr eigenartige: Wulfsin, der dieses Amt ausübt, hat — abgesehen vom Rasieren der ganzen Gemeinschaft, was in der gebührenden Ordnung geschehen soll, wenn nicht einer der älteren Brüder freiwillig hinter einem jüngeren zurücksteht — folgende Pflichten: Serviet etiam monachis in mensa ubicunque in infirmitorio comederint, et maxime corporaliter infirmis et lecto decumbentibus specialius indulgebit, videlicet quaerendo panem et cervisiam de cellerario, temporibus statutis a cellerario, tam ad potationem regularem, quam ad prandium vel ad coenam; omnibus etiam horis diei paratus erit in infirmitorio ad eorum obsequium, quaerendo eorum victualia tam de coquina tam de cellerario (Ed. Oxon. S. 103). Die übrigen Bediensteten aber: Servientes infirmitorii et refectorii respondeant suis magistris de ciphis argenteis et murreis (Ton?), cochlearibus argenteis, obbis, salariis, mappis, et manutergiis, et de omnibus aliis vasis ac utensilibus, quilibet eorum de sibi assignatis (das. S. 104).

Auch ausserhalb des Klosters wollen die Mönche ihre gewohnte Bequemlichkeit nicht vermissen: Abt Brihtmer von Croyland baut für sich und seine Mönche förmliche Absteigequartiere an verschiedenen Orten (Ed. Franc. S. 894) und das Kloster zu Winchester unterhält ein eigenes Refektorium am Bischofssitz (Thorpe Dipl., S. 493). Vom Besuche der Schenken schlossen sich die Ordensgeistlichen ebenso wenig wie ihre weltlichen Standesgenossen aus: Hi ferdon þær to sumre wydewan ham and þær wæron ondrencte mid oferdrynce, lesen wir von zwei Brüdern, die ihren Abt zu St. Guðlac begleiten (Life of S. Guthl., S. 63), und derselbe Heilige beschämt zwei andere ihn besuchende Mönche, die zwei Flaschen mit Bier als Wegzehrung für die Rückreise mit sich führen und unter einem Rasenstück verbergen, ehe sie seine Wohnung betreten (das. S. 64 f). Mögen diese beiden Erzählungen wahr sein oder nicht, die Tatsache, dass Mönche die Objekte sind, an denen der Heilige seine Wunderkraft in dieser Weise betätigt, und dass sie so früh schon in einer halbkomischen Situation vorgeführt werden, ist jedenfalls sehr bedeutsam und zweifellos auf reale Verhältnisse basiert. — —

Ueber die von den Klöstern ausgeübte Gastfreundschaft liegen nur sehr spärliche Nachrichten vor. Zum Unterhalt der königlichen Sendboten, Beamten und Angestellten waren sie ja verpflichtet, wenngleich eine Menge von ihnen im Laufe der Zeit davon entbunden wurden. Ebenso scheint eine Verpflichtung, Pilger aufzunehmen und zu bewirten, bestanden zu haben, denn in einer Urkunde des Jahres 855 befreit Burhred von Mercien das Kloster zu Bloccanleh (Blockley, Worcestershire) u. a. ausdrücklich: — — — a pastu et refectione illorum hominum quos Saxonice nominamus Wahlfæreld[1]) (Thorpe Dipl., S. 114). In vielen Klöstern dürfen weder Laien noch Weltgeistliche in das Refektorium eingeführt (das. S. 261), und die Bewirtung findet im Hospitium statt, das dann oft zum Schauplatz einer scharfen Zecherei wird (Hist. Coen. Abendon. Angl. Sacra Bd. I, S. 164 f): Venit ergo Rex (Aedelstan) quadam die ad Monasterium — — — rogavitque eum Abbas in hospitio cum suis prandere. Annuit rex ilico; et contigit adesse sibi non paucos Optimatum suorum venientes ex gente Nordanhimbrorum, qui omnes cum Rege adierunt convivium. Laetatusque est Rex, et jussit abunde propinare hospitibus hydromellum. Quid multa? hauserunt ministri liquorem tota die ad omnem sufficientiam convivantibus; sed nequivit ipse liquor exhauriri de vase nisi ad mensuram palmi, gaudentibus Northanhimbris et vesperi cum laetitia recedentibus.

Noch stärker tritt der Einfluss des Laientums auf die Lebensweise der Mönche in einem bei Simeon von Durham überlieferten Berichte hervor (a. a. O. S. 68): Hoc rege,[2]) jam monacho facto, efficiente, data est Lindisfarnensis ecclesiae monachis licentia bibendi vinum vel cerevisiam: ante illud tempus non nisi lac vel aquam bibere solebant, secundum antiquam traditionem Sancti Aidani, primi ejusdem ecclesiae antistitis et monachi, etc.

[1]) Walhfæreld(n), 114, a company of pilgrims, Anm. Thorpes S. 661.
[2]) Ceolwulf von Nordhumbrien.

Ueber die **Zucht**, die in den Klöstern herrschte, liegen eine Menge sehr wenig erbaulicher Nachrichten vor, die zu der Folgerung berechtigen, dass ein grosser Teil der Ordensgeistlichkeit grob sinnlichem Leben zugetan war.

Wie es in manchen Orden schon zu Bedas Zeiten aussah, geht mit vollster Deutlichkeit aus dem Briefe an Egbert hervor: — — — sunt loca innumera, ut novimus omnes, in monasteriorum ascripta vocabulum, sed nihil prorsus monasticae conversationis habentia; e quibus velim aliqua de luxuria ad castitatem, de vanitate ad temperantiam, de intemperantia ventris et gulae ad continentiam et pietatem cordis, synodica auctoritate transferantur — — —. Et quia hujusmodi maxima et plurima sunt loca, quae, ut vulgo dici solet, neque Deo neque hominibus utilia sunt, quia videlicet neque regularis secundum Deum ibidem vita servatur, neque illa milites sive comites secularium potestatum, qui gentem nostram a barbaris defendant, possident etc.

Und wie an die männlichen, so hat Beda auch an die weiblichen Mitglieder geistlichen Standes seine Ermahnungen gerichtet, die zusammen mit dem, was andere Chronisten über den Verkehr der **Nonnen** mit Königen — und nicht nur mit diesen — berichten, ein wenig erquickliches Bild klösterlichen Lebens ergeben (Hist. Eccl. S. 273 f): Nam et domunculae quae ad orandum vel legendum factae erant, nunc in conversationum, potationum, fabulationum, et ceterarum sunt inlecebrarum cubilia conversae.

So erklären sich Stellen wie (Life of S. Guthlac, S. 16): and syþþan he to sceare and to þam munuc-life feng, hwæt he nænigre wætan onbitan nolde þe druncennys þurh come. And þa for þan þingum hine þa broðra hatedon, þy he swa forhæbbende wæs, — oder: — — — Cum quibus ipse assidens psalmos ruminabat, ordine tam suo se bibere simulabat. Hauriebant alii spumantes pateras; ipse vasculum minutissimum tenens, eos ad hilaritatem invitabat, magis consuetudini patriae quam juditio satisfatiens animo (Wulfstan von Worcester, Gesta Pont. S. 281) zur Genüge. Jede Gelegenheit, die sich bietet, den Mönchen Enthaltsamkeitsmuster vorzuhalten, wird benutzt: Elphegus pocula summotenus ore semper libavit (das S. 169), und Wilfrid I, Erzbischof von York: Nam eum in continentissima caena raro plus quam unum ferculum absumpsisse, nunquam nisi unum pocillum exhausisse (a. a. O. S. 219). Aber alles ohne Erfolg, „convivia in noctem ducere, perindeque potationibus ad lucem insistere" (a. a. O. S. 169) war weitaus das Ueblichere. Erst das Eindringen der Normannen räumte gründlich mit alledem auf, es kam eine Zeit, wo selbst mancher Heilige die Berechtigung des Scheines, den er trug, und den ein weniger rigoroses Zeitalter ihm ohne langes Bedenken gegeben, erst nachzuweisen hatte. — —

Viertes Kapitel:

Die Bedeutung der Trinksitten für die Stilistik.

Zu einem bis jetzt nur an den Rändern betretenen Gebiete gehen wir über: der Verwendung der Trinksitte als Stilmittel. Kent und Roeder weisen in ihren Arbeiten nur je einmal darauf hin, ebenso Vatke, während in den Schriften Heinzels und Gummeres, die ihrem Charakter nach doch eingehender dazu Stellung nehmen sollten, der Gegenstand auch nur eben gestreift ist. Und doch handelt es sich hier wieder um Fakta, die für die psychologische Seite unserer Betrachtung von erheblichem Werte sind, um so mehr, als das Material hier in sehr reichlichem Masse vorhanden ist. Der Einfluss der Trinkanschauungen auf die äussere Form der Literaturerzeugnisse verkörpert einen Darstellungsrealismus, dessen Originalität unbestritten dasteht, und den keine andere der germanischen Literaturen in dieser Fülle ausgebildet hat, wenngleich Ansätze dazu überall vorhanden sind. Das ist bei der Wort- und Synonymenbildung der Fall, und in noch viel höherem Grade bei den zahlreichen Stellen, in denen die Trinksitte metaphorisch benutzt wird. Wer aber genau zusieht, wird eine Menge solcher Stellen finden. — —

Für den Einfluss der Trinksitten auf die Wortbildung liegen einige sehr einfache und klare Beispiele vor. Der Weg, der zur Methalle führt, wird kurzweg „medostig" genannt (Beow. S. 182):

> 923 — — — — and his cwen mid him
> medostig gemæt mægþa hose

Und ähnlich (Beow. S 210):

> 1642 gumdryhten mid
> modig on gemonge meodowongas træd.

Nicht ganz leicht ist es, eine passende Erklärung für eine bereits früher mehrfach umstrittene Stelle des XIII. Rätsels — Auflösung: Leder oder Tierhaut[1]) — zu finden (Gr.-W. Bd. III 1, S. 191)

> 7 hwilum feorran broht
> wonfeax Wale weged and þyð
> dol druncmennen deorcum nihtum

Bei 9 liest Thorpe[2]): dol-drunc mennen (the foolish serving maid), Grein vermutet duncmennen? „vgl. ahd. tunc",[2]) Prehn gibt überhaupt nur die Greinsche Uebersetzung. Die Wortverbindung kommt nur einmal vor, über Vermutungen wird man nicht viel herauskommen. Vielleicht ist aber doch Thorpes Vorschlag der am besten begründete Denn was sollte hier die ebria ancilla, the drunken maid-servant, wie das Wort bei Bosworth-Toller[3]) übersetzt ist? Irgendwie begründet wäre sie nicht, zumal da auch sonst kein einziges Mal eine betrunkene Frau in der angelsächsischen Literatur vorkommt. Und dass in zwei aufeinander folgenden Versen die dunkle Haarfarbe erwähnt werden sollte, ist gleichfalls nicht recht wahrscheinlich. Es handelt sich wohl um eine Bedeutung, die den deutschen Bildungen auf-trunken korrespondiert, wobei der Ursprung der Begriffe in beiden Sprachen natürlich derselbe ist: Umschreibung durch Trinkwendungen. Demnach lautete die Uebersetzung unter leichter Korrektur der Greinschen:

---

[1]) vgl. Prehn, S. 32 ff.
[2]) Anmerkung z. S. 191.
[3]) a. a. O. S. 215.

> bald eine fernher gebrachte
> schwarzlockige Wälsche schüttelt und drückt mich
> in dunklen Nächten, eine Tollheitstrunkene Dienstmagd. —

Die gleiche Einwirkung hat bei der **Synonymenbildung** stattgefunden. Trifft beim LXI. Rätsel die neuerdings von Trautmann im Gegensatz zu Dietrichs und Eberts „Rohrflöte" angenommene Lösung „Runenstab" zu. so läge hier eins der sprechendsten Beispiele für eine solche Bildung vor. (Gr.-W. Bd. III 1, S. 219).

> 7   Lyt ic wende,
> þæt ic ær oþþe sið æfre sceolde
> ofer meodu[drincende] muðleas sprecan,
> wordum wrixlan.

Ist die Dietrich-Ebertsche Deutung die richtige, so handelt es sich natürlich nur um eine der den Trinksitten entnommenen Formen äusserer Einkleidung, wie sie noch weiter unten zur Sprache kommen sollen. Besteht aber die Trautmanns zu Recht, so haben wir in meodudrincende ein Synonym für weras oder rincas zu sehen, das durch die Umstände durchaus nicht gefordert wird und zeigt, wie die Begriffe Mann und Biertrinker nach angelsächsischer Denkweise identisch sind. Allerdings könnte es sich hier auch um einen durch die Alliteration hervorgerufenen Notbehelf des Verfassers handeln. Ein derartiges Verlegenheitssynonym scheint Beow. v. 1240 (S. 195) vorzuliegen:

> Beorscealca sum
> fus and fæge fletræste gebeag,

da es sich gar nicht um einen Schenken, sondern um den Dänenkrieger Aeschere handelt. Aber auch hier liegt die Ideenverbindung: Krieger und Biertrinker trotz der verfehlten Umschreibung klar zu Tage. Dem Sinne des Ganzen trägt jedenfalls die Scherersche Uebersetzung: Zechgesellen mehr Rechnung als die Greins durch: Bierdiener. Doch ein wirklich typisches Beispiel für diese Art des Ausdruckwechsels begegnet uns Beow. v. 1945 (S. 222):

> Ealodrincende oðer sædan,
> þæt hio leodbealewa læs gefremede,

Thryðo nämlich. — —

Wie schon im Früheren erwähnt, weist die häufige Verlegung des Schauplatzes der Rätsel in Weinsaal oder Methalle darauf hin, dass Rätselraten wohl einen Teil der Unterhaltung bei den höfischen Gelagen ausmachte. Im Folgenden soll auf diese Verwendung der Trinkstilmittel in der **Form der äusseren Einkleidung** noch kurz eingegangen werden. So soll das XLIII. Rätsel: Hahn und Henne (a. a. O. S. 212, v. 16) von den „werum æt wine" geraten werden. Ebenso ist diese Einkleidung **Schlussbild** in LVII (a. a. O. S. 217)

>11 þær hæleð druncen,
> þara flan[geweorca] on flet beran,

Einleitung dagegen in LVI (a. a. O. S. 216):

>Ic seah in heall, þær hæleð druncon
>on flet beran — — — — —

Andere Beispiele sind reichlich vorhanden. Die eigenartigste dieser Fassungen hat zweifellos XLVII (a. a. O. S 213), das deshalb auch ganz folgen soll:

>Wer sæt æt wine mid his wifum twam
>and his twegen suno and his twa dohtor,
>swase gesweostor and hyra suno twegen,
>freolico frumbearn: fæder wæs þær inne
>þara æþelinga æghwædres mid,
>eam and nefa. Ealra wæron fife
>eorla and idesa insittendra.

Wer ist nun der Mann, der da beim Weine sitzt und sich in solch verzwickten Verwandtschaftsverhältnissen befindet? Es ist Loth, der alte biblische Loth, den wir hier unter so gänzlich veränderten äusseren Umständen wiederfinden, ein sehr erfreuliches Anzeichen dafür, bis zu welcher Harmlosigkeit das angelsächsische Volksgemüt manch anstössiges Vorbild des alten Testamentes umzuschmelzen verstand. — —

Dagegen lag wirklicher **Humor** seiner geistigen Verfassung durchaus fern. Zote und Zweideutigkeit waren beliebt, entbehren aber jeglicher Gefälligkeit der Form, und was an Scherzen in einigen lateinischen Chroniken überliefert ist, trägt ausnahmslos einen ziemlich rohen Charakter. Eine um so angenehmer berührende Ausnahme bildet daher eine Verszeile des

Meträtsels (Nr. XXVIII, a. a. O. S. 200), in dem tatsächlich etwas wie Humor im eigentlichen Sinne aufblitzt. Der Trinker ist

13 strengo bistolen strongan spræce

Eine andere Zeile desselben Gedichtes zeigt übrigens sehr deutlich den schon beginnenden Verfall der Verskunst:

5 Hæleð mec siþþan
baþedan in bydene

wirkt auf Honig bezogen mit unfreiwilliger Komik. An dieser Stelle muss auch der auf Seite 9 bereits erwähnte Vers aus der Sachsenchronik über die Norwicher Hochzeit nochmals berührt werden. Roeder sieht in ihm gleichfalls eine Aeusserung von Humor, „da er in seiner Knappheit an jenen launigen deutschen Vers erinnert, in dem ein Spielmann einen Mann verspottet, der froh, seine Tochter unter die Haube gebracht zu haben, sich eben zum Brautbier niedersetzen will, als ihm der Schwiegersohn die Braut zurückerstattet".[1] — „Die Kürze der Stelle macht es unmöglich zu entscheiden, ob sie aus einem historischen Gedichte herstammt oder nicht", äussert sich Abegg dazu.[2] So ist einstweilen kein Grund zu der Annahme vorhanden, dass es sich hier **nicht** um ein selbständiges, ad hoc verfasstes Produkt handelt, das keiner Ballade oder dergleichen entstammt. Es erhebt sich nun die Frage, ob wir in den Versen nicht vielmehr die Aeusserung einer **bitteren Ironie** zu sehen haben, wie sie sicherlich besser zur Sachlage passen würde und von der Zeit, in der „Christus und seine Heiligen schliefen", wohl hervorgebracht werden konnte. — —

Damit können wir uns dem **Einfluss der Trinksitte auf die Gestaltung der bildlichen und vergleichenden Ausdrücke** zuwenden, wie er in den allerverschiedensten Formen, teils mehr teils minder scharf ausgeprägt, vorliegt. Die ältere Epik hat hier zweifellos die originelleren Bildungen. So lesen wir Beow. v. 765 (S. 176), als sich Grendel der Halle nähert:

þæt wæs geocor sið,
þæt se hearmscaþa to Heorute ateah:
dryhtsele dynede, Denum eallum wearð,

---

[1] a. a. O. S. 56 f.
[2] a. a. O. S. 76 f.

ceasterbuendum, cenra gehwylcum
eorlum ealu-scerwen.

Von den verschiedenen Erklärungsversuchen, die hierzu wie zu Andreas 1528 f und 1534 ff aufgestellt worden sind, hat der Heynesche wohl am meisten für sich. „770.[1]) — scerwen] .oerwen MS. im Zeilenanfange. scerwen die Abschrift. Im teilweisen Anschlusse an Bugges Ausführungen (Tidskr. 8, 292 ff) wird wohl das Wort am besten als zweiter Teil eines femininen Compositums gefasst (- scerwen wie - wenden in ed - wenden, - ræden in einer grösseren Reihe von Zusammensetzungen). Das scheint unzweifelhaft, dass hier wie im Andreas 1528 **ein grosser Schreck unter dem Bilde eines Missgeschicks bei der Zeche gefasst** wird; am nächsten liegt es, bescerwan privare, Nebenform zu bescyrian (Grein, 1,93) heranzuziehen: ealu-scerwen, meodu-scerwen wäre im eigentlichen Sinne der Gegensatz von meodu-ræden (Grein 2, 239) und bezeichnet ein plötzliches Ausgehen oder eine plötzliche Wegnahme des Bieres. Das Bild mag schon frühe verdunkelt sein".[2]) So ist es wohl nicht notwendig, bei Andreas (S. 75):

1528   meodu scerpen wearð
    œfter symbeldæge

die Grimmsche Deutung[3]): „wäre es vielmehr ausgespieen, evomitum?" beizubehalten oder mit Kent die Stelle als „flippancy" auszulegen. In klarerer Form, diesmal auch mit einem Anfluge von Ironie, kommt eine ganz ähnliche Ideenverbindung kurz darauf wieder vor (Andr. S. 75):

1534   þæt wæs sorgbyrþen,
    biter beorþegu: byrelas ne gældon
    ombehtþegnas; þær wæs ælcum genog
    fram dæges orde drync gearu!

Die gesamte Stelle ist rein bildlich aufzufassen und nicht, wie Kent folgert: „The sad nature of this beer reception, with which contrasts the attention of the waiters and the abundance of drink seems a most frivolous allusion

---

[1]) Heynescher Zählung.
[2]) a. a. O. S. 92.
[3]) Andr. u. El. S. XXXVII.

to the jeopardy of life, to which the Mermidonians were exposed, but shows a marked familiarity with the buffets and beersalons of these old meadhalls".[1]). Denn kurz vorher ist ausdrücklich gesagt worden, dass die Wasser über die **schlafenden Mermidonen** hereinbrechen, wo sollten da Schenken und Trunk herkommen?

Für **Schande** hat Cynewulf ein eigenartiges Bild (Christ, S. 42):

> 1299 þær hi ascamode scondum gedreahte
> swicað on swiman, synbyrþenne
> firenweorc berað — — —

Wie der Betrunkene im Rausche so taumeln jene unter der Last ihrer Sünden. In mehrfacher Form begegnet uns dann das Bild vom **Todestrank**, das uns ausserdem mitten in die Auseinandersetzung Gummeres mit Heinzel über den bildlichen Ausdruck in der angelsächsischen Poesie hineinführt (Beow. S. 242)

> 2358 Hreðles eafora hiorodryncum swealt
> bille gebeaten.

Heinzel äussert sich hierzu[2]): "Gerade diese Mischung des eigentlichen mit dem bildlichen Ausdruck ist für die Mythologie und für den Stil der Veden charakteristisch. — — Nur schüchtern wagen angelsächsische Dichter ähnliches — — wenn das Bild vom Todestrank sich mit der Vorstellung des Schwertschlages mischt, Beowulf 2358 f

> Hredhels Nachkomme starb an einem Schwerttrunk,
> von der Waffe getroffen."

Dagegen heisst es bei Gummere[3]): "So with the metaphor. In its early stages, it has an enormous intensity, but a merely momentary duration. Its perfection lies between the extremes, where the intensity is not yet lost, while control and sustained power have been reached. So it is in Shakespeares hands. Even he would shrink from such a bold, nervous, compressed metaphor as to say — — — with Beow. 2358: hiorodryncum

---

[1] a. a. O. S. 62. Kent wirft auch die Frage auf, ob nicht etwa der modern-englische Club aus der Methalle hervorgegangen sei.
[2] a. a. O. S. 23 f.
[3] a. a. O. S. 13 f.

swealt, — „he died of sworddraughts," i. e. by the sword that drank the flowing blood. Heinzel, by the way, in quoting this, is not very clear in his remarks. He cites it as an instance of the attempts (he calls them „schüchtern!") made by the A. S. poetry to approach the standard of Norse and Vedic. He says it is a combination of the image of the death-drink (Todestrank) with the representation of a sword-stroke; and explains: Hredhels Nachkomme etc. Just what H. means by the mixture of images and by the „death-drink" is not clear: but what the trope means is plain enough. Weapons are personified, and (just as in Norse, cf. Weinhold, Altnord. Leben, p. 197) the favourite term for their cutting is „bite," as of a snake. When a man is killed by the sword, it drinks his blood: he dies of its „draughts"; which is by no means what one commonly understands „death-drink" to signify. And there is no „mixing" of figures at all: the idea of drinking a sword-stroke is too clumsy for even the worst poet."

Diese Auffassung Gummeres steht auf recht schwachen Füssen. Da das Bild vom Todestrank in verschiedenen Variationen in der angelsächsischen Dichtung vorkommt, hätten diese auf jeden Fall mit berücksichtigt werden müssen. Schon die „Juliana" hat gezeigt, dass der Teufel (S. 131):

```
486        byrlade
      wroht of wege
```

In anderer Form im Guðlac (S. 79)

```
837            Nænig monna wæs
      of þam sigetudre siþþan æfre
      godes willan þæs georn ne gynnwised,
      þæt he bibugan mæge þone bitran drync,
      þone Eve fyrn Adame geaf,
      byrelade bryd geong:
```

Und noch erweitert (Guðl. S. 82):

```
951            Wæs seo adl þearl
      hat and heorogrim: hreþer innan weol,
      born banloca; bryþen wæs ongunnen,
      þætte Adame Eve gebyrmde
      æt fruman worulde: feond byrlade
      ærest þære idese and heo Adame
      hyre swæsum were siþþan scencte
```

>   bittor bædeweg, þæs þa byre siþþan
>   grimme onguldon gafulrædenne
>   þurh œrgewyrht, þætte œnig ne wæs
>   fyra cynnes from fruman siððan
>   mon on moldan, þætte meahte him
>   gebeorgan and bibugan þone bleatan drync
>   deopan deaðweges, — —

Dazu ferner aus dem XXIV. Rätsel, Auflösung: Bogen (S. 198):

>   13 þæt þone mandrinc mægne geceapaþ
>   full wer fæste feore sine.

Diese Stelle ist besonders wichtig. Denn die **Waffe** wird hier als Todestrank bildlich wiedergegeben, der Mann erkauft diesen Trank mit seiner Lebenskraft, trinkt also den von der Waffe verursachten Tod: Mischung des eigentlichen mit dem bildlichen Ausdruck. Und da der Vergleich doch anscheinend gemeingermanisch ist, sind wir berechtigt, eine Stelle aus dem „Ludwigsliede" zum Vergleiche heranzuziehen.

>   52 Suman thuruhskluog her, suman thuruhstah her.
>   her skancta cehanton sinon fianton
>   bitteres lides.

Die durch seine Waffen hervorgerufenen Schädigungen **schenkt** er als bitteres lid seinen Feinden, die dieselben demnach trinken.

Das Resultat ist klar. In jedem der angeführten Beispiele ist das Gleichnis so ausgeführt, dass über den, der trinkt, das Unheil hereinbricht, der, der getrunken, geht zu Grunde. Warum sollte es bei der umstrittenen Beowulfstelle anders sein? hioro-drync kommt in der gesamten angelsächsischen Literatur nur ein einziges Mal vor. Uns ist keine weitere Trinkmetapher bekannt, die nur aus einem Worte bestände, alle der Trinksitte entnommenen bildlichen Ausdrücke erstrecken sich über mehrere Worte. So ist hier wohl die Zusammendrängung in eins aus einem durch die Alliteration bewirkten Zwange zu erklären. Die Aussagen über „a bold, nervous, compressed metaphor" treffen für diese Stelle nicht zu, aus rein äusserlichen Gründen ist die Bildung in der vorliegenden Form entstanden. Und im Anschluss an die anderen Dichtungen, die das Bild verwenden, müssen wir Heinzel Recht geben, nicht das Schwert trinkt Hredhels Nachkommen Blut, sondern dieser trinkt den Tod aus der Hand des Schwertes, genau wie Heinzel sagt: „Mischung des eigentlichen mit dem bildlichen Ausdruck." — —

Bestand die Eigenart der bisher besprochenen metaphorischen Wendungen aus der Trinksitte darin, dass eine Handlung oder ein Zustand mit einem Trinkvorgang verglichen wurde, so baut sich eine zweite Gruppe auf dem Verhältnis auf, in dem ein einzelner oder mehrere zu einem Getränk, einem Trinkort oder Trinkgegenstand stehen, und das wir **erweiterte Trinkmetapher** nennen wollen. Bei der Seltenheit des Weines und der Rolle, die er in der Anschauung des Volkes spielt, ist es sehr verständlich, wenn im „Widsið" die grosse Macht des Kaisers dadurch veranschaulicht wird, dass er über Weinburgen herrscht (a. a. O. S. 4)

76 and mid Casere,
se þe winburga geweald ahte.

Im Beowulf finden wir eine ungemein bezeichnende Schilderung des Ruhezustandes, in den der Gautenheld das Dänenvolk durch seinen Sieg über Grendel wieder versetzen will (Beow. S. 171):

603 Gæð eft, se þe mot,
to medo modig, siþþan morgenleoht
ofer ylda bearn oþres dogores,
sunne sweglwered suþan scineð!

Das könnte wie Hohn klingen, wenn es nicht bildlich gedacht wäre. Man denke nur: die grosse Gefahr ist glücklich beseitigt, und zwar durch einen Fremden, und wer Lust hat, geht wieder mutig — nicht zum Kampfe, aber — zum Mete. Das Ganze soll wohl nur eine, allerdings recht ungeschickte, Art bildlichen Ausdrucks für einen friedlichen Zustand sein, unter Anwendung einer Umschreibung, die beim Hörer auf volles Verständnis rechnen durfte.

Für die negativen Lebensbetätigungen finden sich entsprechende Bilder. Die **Schädigungen**, die Scyld Scefing seinen Gegnern zufügt, werden dadurch greifbar dargestellt, dass sie diese bei ihren Metfreuden betreffen (Beow. S. 149):

> 4 Oft Scyld Scefing sceaþenþreatum,
> monegum mægþum meodosetla ofteah, etc.

Und unter den Bildern erweiterter Form findet sich noch eins für den **Tod**, das den früher erwähnten an Kraft und Eindringlichkeit weit überlegen ist (Beow. S. 271):

> 3062   Wundur hwar,
> þonne eorl ellenrof ende geferc
> lifgesceafta, þonne leng ne mæg
> mon mid his magum meduseld buan? — —

Es schliesst sich der reine, nicht metaphorische **Darstellungskontrast** an, der Gegensatz zwischen Trinkfreuden und schlechten äusseren oder inneren Zuständen. Die Lyrik liefert hier die markantesten Beispiele, ein Zeichen wie sich die Trinksitte auch die von ihr am weitesten entfernt liegenden Gebiete erobert hatte. So im „Wanderer" (Gr.-W. Bd. I, S. 288):

> 92 Hwær cwom mearg? hwær cwom mago?
> hwær cwom maþþumgyfa?
> hwær cwom symbla gesetu? hwær sindon seledreamas?
> Ea la beorht bune! ea la byrnwiga!

Im „Seefahrer" eine ganz ähnliche Stelle. Auch hier wieder ein Darstellungsrealismus, den wir nur bewundern können. Und doch ist das elegische Moment packend herausgearbeitet. Die gewählten Mittel passen sich durchaus den Absichten des Dichters an (Gr.-W. Bd. I, S. 291):

> 20 dyde ic me to gomene ganetes hleoþor
> and huilpan sweg fore hleahtor wera,
> mæw singende fore medodrince. — —

Personifikationen unbelebter Gegenstände in Verbindung mit der Trinksitte fehlen auch nicht (XXXII. Rätsel: Fiedel, a. a. O. S. 202 f):

> 12 siteð æt symble, sæles bideþ
> hwonne ær heo cræft hire cyþan mote
> werum on wonge. — —

Uebrigens tritt auch der umgekehrte Fall ein, dass nämlich das **Trinken** durch einen einer anderen Lebensbetätigung entnommenen Vergleich bildlich dargestellt wird. So im XV. Rätsel: Horn (a. a. O. S. 192):

> 3 hwilum weras cyssað,

in bedeutend originellerer Form aber in dem leider so arg verstümmelten LXIV., Lösung: Becher,[1]) das, soweit die erhaltenen Reste eine Beurteilung zulassen, entschieden zu den besseren Produkten angelsächsischer Rätselpoesie gehört hat (a. a. O. S. 220)

>   Oft ic secga seledreame sceal
>   fægre onþeon, þonne ic eom forð boren
>   glæd mid golde, þær guman drincað.
>   Hwilum mec on cofan cysseð muþe
> 5 tillic esne, þær wit tu beoþ,
>   fæðme on folm[e] [fin]grum þyð,
>   wyrceð his willan — — —

* * *

„Die einzige Liebesszene in der alten angelsächsischen Poesie, aus der wir sonst vieles lernen, ist dem Lateinischen nachgebildet, und sie schildert — auch nur indirekt — sinnlichen Genuss: der Becher wird im Rätsel unter dem Bilde einer Frau dargestellt, welche dem Manne, der sie küsst, den Sinn berückt".[2]) — —

Auch die Metaphernbildung der geistlichen Stilistik, wie sie sich in Homilien, Heiligenleben und kirchlichen Vorschriften darstellt, scheint bis zu einem gewissen Grade von den landesüblichen Trinkanschauungen beeinflusst worden zu sein, wenngleich dies für den einzelnen Fall schwieriger nachzuweisen ist, da hier neben dem nationalen Ideenkreise noch Bibel, Kirchenväter und sonstige lateinische Quellen mit am Werke gewesen sind. Aber es ist wohl anzunehmen, dass Bilder solchen Ursprungs — bei den Angelsachsen auf gutes Verständnis stossend — gern von ihnen angewandt und weiter ausgebildet wurden. Wenigstens liessen sich manche überraschend realistische Wendungen dieser Art so erklären.

Möge Aelfric auch hier wieder den Anfang machen. In der Vorrede zu den „Heiligenleben" schreibt er vom Hofstaat Gottes (a. a. O. S. 7):

---

[1]) Trautmann versieht seine Auflösung „Flöte" mit einem Fragezeichen. Becher ist wohl das richtigere — vgl. Prehn, a. a. O. S. 96 f.

[2]) Scherer, Kl. Schr. II, S. 9.

> 59 An woruld-cynincg hæfð fela þegna
> and mislice wicneras. he ne mæg beon wurðful cynincg
> buton he hæbbe þa geþincðe þe him gebyriað.
> and swylce þening-men. þe þeaw fæstnysse him gebeodan etc.

So hat auch Gott seine Heiligen.

In den „Institutiones Ecclesiasticae" (a. a. O. S. 430) wird der von Gott abgefallene Mensch mit einem Durstigen verglichen, und weiterhin heisst es: ac gif he þonne hyne sylfne mid þæm æ-spryngum Godes worda gelecð, and his mod mid þære swetnisse þes gastlican gedrinces gefylleð, he seleð þær þonne dryncan his þyrstendum mode, u. s. w. Von den Juden aber sagt Aelfric wiederum (Hom. Cath. Bd. II, S. 287): þæt Judeisce folc wæs on ealdum dagum gecoren, swa swa god win; ac hi wurdon awende to þam wyrstum ecede, and forði gebudon eced ðam Drihtne, unwynsumne wætan, swa swa hi sylfe wæron.

Und derselbe Aelfric, der bei jeder Gelegenheit, die sich nur eben bietet, gegen Trunkenheit und Trinkzwang eifert, benutzt selbst eine sehr originelle Trinkmetapher. Die Freudigkeit, mit der die heilige Agatha ihrem Geschick entgegengeht, malt er aus (Lives of Saints, S. 200):

> 97 Eode þa bliðelice to ðam blindum cwearterne.
> Swylce heo wære geladod. to lustfullum beor-scype.

Das zeigt, wie sehr selbst eine derartige Persönlichkeit im Banne der Trinkanschauungen steht, und ihre Bestrebungen zum grossen Teile doch nur ein Kampf gegen Windmühlen sind. Die gleiche Absicht, seinen Zuhörern ein ihnen vertrautes Bild zur Veranschaulichung seiner Worte zu geben, zeigt der Blickling Homilet (S. 55 f): ne þæt to nahte nyt ne biþ þæt man godne mete ete oþþe þæt betste win on gebeorscipe drince, gif þæt gelimpeþ þæt he hit eft spiwende anforlæteþ, þæt he ær to blisse nam and to lichoman nytnesse. So geht es auch der Seele, wenn sie ihre geistliche Nahrung vernachlässigt. Und Aelfric sagt von ihr (L. of S., S. 279):

> 89 swa swa se lichoma leofað be hlafe and drence.
> swa sceal seo sawl libban be lare and gebedum.

Eine mehr rhetorische Wendung, die Kürze des menschlichen Lebens veranschaulichend, ist leider nur in lateinischer

Fassung auf uns gekommen. Bei der Bekehrung Eadwins zum Christentum nach der Eroberung Nordhumbriens (627) heisst es (Henr. Huntendun. Hist. S. 85): Talis mihi videtur, rex, vita hominum praesens in terris, ad comparationem ejus quod nobis incertum est temporis, quale cum te residente ad coenam cum ducibus ac ministris tuis tempore brumali, accenso quidem foco in medio, et calido effecto caenaculo, furentibus autem foris per omnia turbinibus hiemalium pluviarum vel nivium, adveniens unus passer domum citissime pervolaverit. Qui cum per unum ostium ingrediens, mox per aliud exierit, ipso quidem tempore quo intus est hiemis tempestate non tangitur, sed tamen, parvissimo spatio serenitatis excurso, in hieme mox de hieme regrediens oculis tuis elabitur. Ita haec vita hominorum ad modicum apparet; quid autem sequatur, quidve praecesserit, prorsus ignoramus.

Und wie ein letzter, schwacher Nachhall der in den christlichen Himmel umgewandelten Walhallfreuden aber klingt es, wenn Eadmer über St. Wilfrids (634—709) Tod berichtet (Vita, S. 749): – – – et sic Agni Dei convivium perpetuo recreandus adivit. — —

Belege.*)

Asserius, De rebus gestis Aelfridi, ed. Stevenson, Oxford 1904.
Beda, Hist. Eccles. Gentis Angl., ed. G. H. Moberley, Oxford 1869. Neuere Ausgaben: Holder, Freiburg 1882 und Plummer, Oxford 1896.
— Opera Omnia, ed. Giles, London 1843, Bd. I, IV.
Chronicon Croylandense, in Rerum Anglicarum Scriptores, Frankfurt 1601, und Rerum Anglicarum Scriptorum Veterum Tomus Primus, Oxford 1684. Neue Ausgabe von Birch, 1883.
Cockayne, Leechdoms etc., 3 Bde , London 1864—66, Rolls Series.
Dunstan, Memorials of Saint, ed. Stubbs, London 1874, Rolls Series.
Florentii Wigorniensis Monachi Chronicon ex Chronicis, ed. Benj. Thorpe, London 1848. Engl. Hist. Soc.
Gale, Historiae Britannicae, Saxonicae, Anglo-Danicae Scriptores, Oxford 1691.
Goodwin, Ch. W., The Anglo-Saxon Version of the Life of St. Guthlac, London 1848
Gottfrieds von Monmouth Historia Regum Britanniae, ed. San Marte, Halle 1854.
Grein-Wülcker, Bibliothek d. angels. Poesie, Cassel und Leipzig, 1881—97.
— — Bibliothek d. angelsächs. Prosa, Cassel und Leipzig, 1872—1905.
Henrici Archidiaconi Huntendunensis Historia Anglorum, ed. Arnold, London 1879, Rolls Series.
Kemble, J. M., The Dialogue of Salomon and Saturnus etc, Aelfric Society, London 1848.
— Codex Diplomaticus Aevi Saxonici, London 1838—48.
Kluge, Fragment eines angelsächsischen Briefes, Engl. Studien VIII, S. 62 f.
Liebermann, Gesetze der Angelsachsen, Halle 1898 und 1906.
Morris, The Blickling Homilies of the Tenth Century, E. E. T. S., London 1880.
Napier, Wulfstan, Sammlung der ihm zugeschriebenen Homilien, Berlin 1883.
Orderici Vitalis Historiae Ecclesiasticae, in Duchesne, Historiae Normannorum Scriptores Antiqui, Paris 1619, S. 321 ff und bei Migne, Patrologia Latina, Bd. CLXXXVIII, S. 17—984.
Sancti Aldhelmi Opera, ed. Giles. Oxford 1844.
Sancti Bonifacii Opera, ed. Giles, Bd. I, London 1844.
Skeat, Aelfric's Lives of Saints, E. E. T. S., London 1881.
Symeonis Dunelmensis Historia Regum, Operum Tom. I., Surtees Soc., Durham 1868.

---

*) Wo die ältere Ausgabe neben der neueren angeführt ist, war die neuere in Edinburgh, wo der grössere Teil der Arbeit entstanden, nicht zu erhalten.

Thorpe, Benj., Ancient Laws and Institutes of England etc., Quartausg,
    Bd. II, London 1840.
— Diplomatarium Anglicum Aevi Saxonici, London 1864.
— The Anglo-Saxon Chronicle, London 1861.
— The Homilies of Aelfric, Aelfric Society, London 1844.
Vita Sancti Wilfridi, Auctore Eadmero, Mignes Patrol. Lat. Bd. CLIX,
    Paris 1865.
Wasserschleben, Die Bussordnungen der abendländischen Kirche, Halle 1851.
Wharton, Anglia Sacra, 2 Bde, London 1691.
Willelmi Malmesbiriensis Monachi De Gestis Regum Anglorum, ed. Hardy,
    London 1840, neue Ausgabe von Stubbs, 2 Bde., Lond. 1887, Rolls Series.
— De Gestis Pontificum Anglorum, ed. Hamilton, London 1870, Rolls Series.
Wright, Anglo-Saxon and Old English Vocabularies, ed. Wülcker, Lond. 1884.

Literatur.

Abegg, Daniel, Zur Entwicklung der histor. Dichtung bei den Angelsachsen, Q.F. 73, Strassburg 1894.
ten Brink, Bernh., Geschichte d. engl. Literatur, Bd. I, Strassburg 1899.
Bosworth, J. und Toller, T. N , An Anglo-Saxon Dictionary, Oxford 1882.
Dickenmann, J. J., Das Nahrungswesen in England, Anglia 27, Halle a. S. 1904.
Dietrich, F., Die Rätsel des Exeterbuches, Haupts ZfdA. XI u. XII, Berlin 1859 und 1865.
Ebert, Adolf, Allgem. Geschichte d. Literatur d. Mittelalters, Leipzig 1887.
Ferrell, C. C., Teutonic Antiquities in the Anglo-Saxon Genesis, Leipz Diss., Halle 1893.
— Old Germanic Life in the Anglo-Saxon „Wanderer" and „Seafarer", Modern Language Notes, Baltimore 1894.
Foster, T. G., Judith, Studies in Metre, Language, and Style, Q.F. 71, Strassburg 1892.
Friedberg, Emil, Aus deutschen Bussbüchern, Halle 1868.
Fuhse, F., Sitten und Gebräuche der Deutschen beim Essen und Trinken, Gött. Diss.; Wolfenbüttel 1891.
Grein, C. W. M., Zu den Rätseln des Exeterbuches, Pfeiffers Germania X. Wien 1865.
— Dichtungen der Angelsachsen, Göttingen 1857, Cassel und Göttingen 1863.
Grimm, J., Andreas und Elene, Cassel 1840.
Gummere, F. B , The Anglo-Saxon Metaphor, Freiburger Diss., Halle 1881.
Hehn, V., Kulturpflanzen und Haustiere, Berlin 1894.
Heinzel, Richard, Ueber den Stil der altgerm. Poesie, Q.F. 10, Strassb. 1875.
Heyne, Moritz, Beowulf, ed. A. Socin, Paderborn 1903.
— Das Deutsche Nahrungswesen, Leipzig 1901.
Hoops, Johannes, Waldbäume und Kulturpflanzen im german. Altertum, Strassburg 1905.
Keller, Wolfgang, Die literar. Bestrebungen von Worcester in angelsächs. Zeit, Q.F. 84, Strassburg 1900.
— Angelsächsische Palaeographie, Berlin 1906
Kemble, J. M., Die Sachsen in England, Leipzig 1853.
Kent, C. W., Teutonic Antiquities in Andreas and Elene, Leipz. Diss. Halle 1887.
Lappenberg, Geschichte von England, Bd. I, Hamburg 1834.
Plummer, Charles, Bedae Hist. Eccl. Tom. II (Commentar u. Indices), Oxford 1896.

Price, M. B., Teutonic Antiquities in the generally acknowledged Cynewulfian Poetry. Leipz. Diss. 1896.
Roeder, Fritz, Die Familie bei den Angelsachsen, I. Hauptteil: Mann u. Frau, Halle 1899.
Schrader, O., Reallexikon d. indogerm. Altumskunde, Strassburg 1901.
Strutt, Horda Angel-cynnan, Bd. 1, London 1775
Thrupp, The Anglo-Saxon Home, London 1862.
Trautmann, M., Die Auflösungen der ae Rätsel, Anglia Beiblatt 5, Halle 1895.
Vatke, Th., Kulturbilder aus Alt-England, Berlin 1887.
Wright Th., A History of Domestic Manners and Sentiments in England, London 1862.
Wülker, R , Grundriss zur Geschichte der angelsächs. Literatur, Leipzig 1885.

        Anderweitige, nur vereinzelt benutzte Schriften sind im Texte selbst aufgeführt.

www.ingramcontent.com/pod-product-compliance
Lightning Source LLC
Chambersburg PA
CBHW020745020526
44115CB00030B/1048